보고 듣고
말하는
호락호락
한국사

**보고 듣고 말하는 호락호락 한국사**
**❸ 남북국 시대**

1판 2쇄 발행    2020년 4월 1일

| | |
|---|---|
| 글쓴이 | 문원림 |
| 기획 | 호락호락 역사 기획단 |
| 그림 | 김규준 |
| 캐릭터 | 윤소 |
| 감수 | 이익주 |
| 펴낸이 | 이경민 |

| | |
|---|---|
| 편집 | 최정미, 박재언 |
| 디자인 | 디자인 뭉클 |
| 녹음 | 헤마 스튜디오 |

| | |
|---|---|
| 펴낸곳 | (주)동아엠앤비 |
| 출판등록 | 2014년 3월 28일(제25100-2014-000025호) |
| 주소 | (03737) 서울특별시 서대문구 충정로 35-17 인촌빌딩 1층 |
| 전화 | (편집) 02-392-6903 (마케팅) 02-392-6900 |
| 팩스 | 02-392-6902 |
| 전자우편 | damnb0401@naver.com |
| SNS | f ⓞ blog |

ISBN 979-11-88704-15-6 74900
      979-11-87336-43-3(세트)

**뭉치**
MoongChi
Books
도서출판 뭉치는 (주)동아엠앤비의 어린이 출판 브랜드로, 아이들의 지식을 단단하게 만들어주고, 아이들의 창의력과
사고력을 키워주어 우리 자녀들이 융합형 창의 사고뭉치로 성장할 수 있도록 좋은 책을 만들겠습니다.

# 보고 듣고 말하는 호락호락 한국사

**③ 남북국 시대**

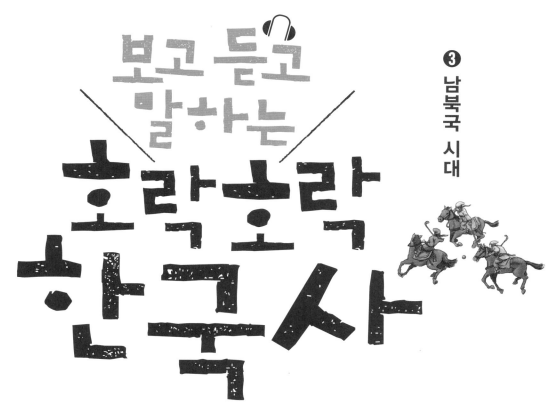

문원림 글 | 김규준 그림 | 이익주 감수

뭉치
MoongChi
Books

# 눈으로 보고 귀로 듣고 함께 이야기하자

『호락호락 한국사』를 읽는 친구들, 안녕!

나는 이 책에 등장하는 모든 이야기꾼이야. 세찬 비바람을 몰고 다니는 먹구름이 되기도 하고 만주벌판에서 서라벌까지 단숨에 달리는 명마가 되기도 하지. 그리고 비단길을 오가며 온갖 물건과 이야기를 실어 나르던 장사꾼이 되기도 하고 2권에서 백성들의 이야기를 들려주던 솥단지로 다시 돌아오기도 하지.

자꾸 변신하는 이유는 단 한 가지! 친구들에게 역사를 잘 들려주기 위해서야. 이 땅이 전쟁에 휘말릴 땐 백성들은 온통 세상이 먹구름으로 가득 찬 느낌이었을 거란 생각이 들더라. 그래서 먹구름을 등장시켰지. 고구려가 망한 지 딱 30년 만에 해동성국 발해가 세워지는 통쾌한 이야기는 빠르게 잘 달리는 명마가 제격이겠다 싶었어. 워낙 그 넓은 땅은 말을 잘 다루던 기마 민족들의 터전이었으니까. 부여와 고구려 그리고 발해로 이어진 광활한 만주벌판의 이야기꾼으로는 명마가 딱이지!

그리고 발해와 신라가 국경을 맞대었던 남북국 시대의 문화재는 여러 나라의 문화재를 두루 돌아본 사람이면 좋겠다 싶었어. 그래야 우리가 세계 문화와 견주어도 손색이 없는 독특하고 아름다운 문화를 지녔다는 자심감이 들 테니까. 그런데 이야기꾼으로 등장시킨 소그드인이 최근에 신라의 유물로 발견되어 깜짝 놀랐지 뭐야? 이 이야기는 그 유물이 발견되기 전에 써 놓았는데, 마치 증명이라도 하듯 소그드인을 닮은 토우가 나왔거든!

마지막으로 2권의 솥단지가 다시 등장한 건 역사에서 잊혀진 안타까운 사람들의 이야기를 전하기 위해서야. 서역을 정벌한 위대한 장군부터 신라의 가난한 소녀 지은까지 다양한 사연을 가진 사람들 이야기를 전하는데 백성들의 친구인 솥단지만 한 이야기꾼이 있어야지……. 위의 이야기꾼들이 전하는 이야기에 귀를 잘 기울여 봐, 역사가 술술 잘 들릴걸?

그리고 아빠 책까지 뒤적이며 읽는 긍정의 아이콘 그렁군과 사건을 요리조리 캐물으며 자기의 의견을 당차게 드러내는 조금 까칠한 딴지 양의 호락호락 토론방에도 들러 보렴. 삼국통일에 관여했던 사람들이 등장해서 통일의 의미를 되짚어 보게 할 거야. 그리고 신라가 순순히 항복한 일을 두고 경순왕과 마의 태자가 격론을 벌일 땐 너희들도 어느 편에 서야 할지 몰라 당황스러울걸? 역사서도 한 권 남기지 못하고 갑자기 사라진 나라 발해가 누구의 역사인지 소그드인의 이야기를 잘 들어보고 너희들도 결론을 한 번 내려 봐. 꼼꼼하게 읽지 않으면 그렝군이나 딴지양에게 뒤처질지도 모른다~.

각 장마다 있는 '한눈에 쏘옥!'은 너희들이 꼭 기억했으면 하는 것만 모아서 실었으니까 정말 한눈에 쏘옥 넣었으면 해. 그리고 '그때 세계는?'은 우리 역사가 세계의 역사와 발맞추어 왔다는 걸 보여 주려고 정성껏 만든 거니까 꼭 챙겨 보길 바란다.

아, 그런데 4장 다시 돌아온 솥단지가 들려주는 이야기에서는 호락호락 토론방이 빠졌어. 왜냐하면 역사에서 소외된 사람들이 이런저런 사연을 풀어놓은 것이라 특별히 토론할 것이 없었기 때문이야. 이 사람들의 이야기를 듣다 보면 잘했느니, 못했느니 따지기보다는 따뜻한 위로가 필요할 거라는 생각이 들거든. 정말인지 너희들도 세심하게 읽어 보렴. 이런 이유로 4장은 호락호락 토론방이 없는 거니까 찾느라 애를 쓰거나 없다고 화내는 일 있기? 없기? 없기!!!

네 명의 이야기꾼이 전쟁으로 혼란했던 삼국 시대 말부터 남북국 시대까지 역사 이야기를 잘 전하려고 애를 썼단다. 그런데 너희들이 읽느라 눈이 아프지 않을까 걱정이 되어 이야기꾼들이 직접 이야기를 들려주기로 했지. 어떻게? 본문이 끝날 때마다 책에 인쇄된 QR코드에 핸드폰을 쏙 대기만 하면 네 명의 이야기꾼이 또랑또랑한 목소리로 다시

한 번 들려주지. 너희들의 눈으로 책을 한 번 보고, QR코드로 다시 듣고, 호락호락 토론방에 모여 이야기를 나눠 보는 거야. 그래서 이 책 제목이 보고 듣고 말하는 호락호락 한국사가 된 거 아니겠니?

그럼, 모두들 열공하기 바란다! 안~녕.

바람이 살랑이는 창가에서
역사 이야기꾼이

차례

## 3장 남북국 시대 문화재 보러 가자
### 서역인이 들려주는 발해와 신라의 문화재 이야기

## 4장 우리 이야기도 들어줘
### 솥단지가 들려주는 남북국 시대 이야기

 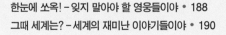 

**7세기**
신라의 전성기

**642년**
백제 VS 신라 대야성 전투
김춘추 고구려 파견

**660년**
나당 연합군 18만 백제 침략
백제 멸망

**668년**
나당 연합군 고구려 침략
고구려 멸망

**675년**
당나라 VS 신라 매소성 전투

**676년**
당나라 VS 신라 기벌포 전투
삼국통일

# 1장
# 전쟁으로 평화를 만들었어

나는 시커먼 먹구름이야. 내가 이번 이야기꾼이 된 건
이 땅에 전쟁이라는 시커먼 먹구름이 잔뜩 끼었기 때문이지.
고구려, 백제, 신라가 큰 나라가 되면서 전쟁은
더 많이, 더 크게, 더 치열하게 벌어졌어.
그 이야기를 듣고 싶으면 먹구름 아래로 모여 봐.
이야기를 듣다가 비를 맞아도 난 모른다.
왜? 나는 비를 몰고 다니는 먹구름이니까.

# 먹구름이 들려주는 통일 전쟁 이야기

　　슈루룩~『호락호락 한국사』를 읽는 친구들 안녕! 난 보다시피 구름 중에서도 시커먼 먹구름이야. 지금으로부터 1400년 전 이 땅에는 전쟁이라는 거대한 먹구름이 몰려오고 있었어. 그래서 내가 이야기꾼으로 나서게 된 거지. 이제부터 내가 들려줄 이야기는 온통 전쟁 이야기뿐일 거야. 지난번에도 한강에게 넘치게 들었다고? 그런데 이번에는 좀 더 치열하고 규모가 큰 전쟁 이야기가 될 거 같아. 슬프게도…….

## 전쟁의 먹구름이 몰려와……

　　삼국은 시간이 갈수록 더 자주 더 크게 싸우게 됐어. 삼국만이 아니라 중국까지 끼어들면서 전쟁은 갈수록 치열해졌지. 오랫동안 갈라져 있던 중국이 수나라로 통일되면서 이 땅엔 이미 먹구름이 몰려오고 있었던 거야. 중국은 강해지면 늘 침략해왔으니까.

동북아시아의 최강자 자리를 두고 벌인 수나라와 고구려의 전쟁은 세계 역사에 남을 만큼 어마어마하게 큰 전쟁이었어. 그 전쟁에서 고구려가 승리하고 수나라는 멸망했지만, 당나라라는 또 다른 강적이 나타나 고구려를 위협했지. 당나라도 30만 대군을 이끌고 고구려를 침략했으나 치욕스런 참패를 안고 돌아서야 했잖아? 두 강대국이 고구려에게 맥을 못 추는 걸 보면서 아마 너희들은 뿌듯했을 거야. 하지만 중국을 물리치느라 고구려도 힘이 많이 빠져 버렸어.

**나제동맹**이 깨진 신라와 백제 사이에도 끝이 보이지 않는 전쟁이 벌어졌지. 갈수록 거세어지는 백제의 공격에 위기를 느낀 신라는 당나

**나제동맹 결렬**
백제와 신라가 함께 되찾은 한강을 신라가 독차지하자 120여 년간의 신라와 백제의 동맹이 깨졌지.

라에게 손을 내밀 수밖에 없었어. 백제와는 한 하늘 아래 살 수 없었던 신라는 어떻게든 고구려를 무너뜨리려는 당나라와 손을 잡았지. 그리고 나당 연합군을 만들어 백제부터 공격했어. 세발솥처럼 팽팽하게 맞서던 삼국에 당나라가 끼어들고 나중엔 일본까지 끼어들면서 이 땅은 처참한 전쟁터로 변하고 말았단다. 16년 동안이나 말이야.

## 김춘추가 향한 첫 번째 나라

신라의 진흥왕이 한순간에 떨치고 일어나서 한강을 빼앗고 영토를 함경도에서 낙동강까지 넓히자 땅을 빼앗긴 두 나라가 가만히 있을 리 없었지. 고구려와 백제는 시도 때도 없이 신라로 쳐들어왔어. 그러던 중 백제의 무왕과 밀고 밀리는 전쟁으로 바빴던 신라의 진평왕이 아들 없이 세상을 떠났지. 그러자 역사상 처음으로 여왕이 즉위했는데 바로 선덕여왕이야. 혼란한 때를 여왕이 어찌 헤쳐 나갈까 신하들은 걱정을 많이 했고 이웃 나라도 얕잡아 봤지만 선덕여왕은 아주 **영민**했단다.

어느 날 한겨울에 계곡에서 두꺼비가 시끄럽게 울자, 선덕여왕은 의자왕이 보낸 백제군이 그곳에 숨어 있을 거라고 했지. 신하들은 뜬금없다고 생각했는데 진짜, 그곳에 백제군이 숨어 있었어. 신라가 전혀 눈치 채지 못했을 거라고 생각한 백제군은 공격의 기회를 엿보다

**영민**
똑똑하고 판단이 재빠른 거야.

오히려 신라군의 급습에 몰살당하고 말았지. 여왕에겐 상황을 잘 살펴볼 줄 아는 지혜로움이 있었던 거야.

그리고 황룡사에 신라가 앞으로 정복하고 싶은 나라들을 새긴 9층 목탑을 지었어. 신라의 수도인 금성에서 가장 높았던 목탑은 어디서든 잘 보였지. 잦은 전쟁으로 힘든 때에 무슨 대공사를 하느냐는 소리도 들렸지만 우뚝 솟은 탑은 위기를 겪고 있는 신라인의 기운을 북돋아주었어. 지금은 힘들지만 언젠간 이 거대한 목탑처럼 신라가 한반도에서 우뚝 서리라는 희망을 주었거든. 여왕은 백성을 다독이고 미래의 꿈을 심어 주는 지도자였던 거야.

이것이 신라의 미래요!

그러나 거듭되는 고구려와 백제의 공격은 신라를 아주 위태롭게 했어. 견디다 못한 선덕여왕은 김춘추를 고구려에 보내 지원군을 요

**사신**
왕의 명령으로 외교적인 일을 처리하기 위해 외국으로 가는 관리지.

**죽령**
충북 단양과 경북 영주 경계의 소백산맥에 있는 고개란다.

청하도록 했지. 마침 백제와의 대야성 전투로 아끼는 딸을 잃은 김춘추는 기꺼이 가겠다고 했어. 하지만 영토 싸움으로 껄끄러워진 고구려에 **사신**으로 간다는 것은 호랑이 굴로 들어가는 것이나 마찬가지였지. 그래서 김유신에게 자신이 위험에 빠진다면 구하러 와달라는 부탁을 하고 떠났대.

고구려에 들어간 김춘추는 백제가 탐욕을 부려 신라를 자주 침범하니 고구려의 군대를 빌려 치욕을 씻고 싶다고 말했어. 그러자 고구려의 보장왕은 신라가 빼앗아간 **죽령** 땅을 돌려준다면 그렇게 하겠다고 했지. 죽령 땅이란 온달 장군이 다시 찾으러 나섰다 목숨을 잃은 바로 그 땅이란다. 하지만 그 땅을 잃으면 당나라로 가는 길이 막히니 김춘추는 그렇게는 못하겠다고 단호하게 말했지. 그러니 어찌 됐겠어? 별관에 갇히는 신세가 되고 말았지.

일이 틀어져 버리자 김유신은 1만의 군대를 끌고 즉각 고구려의 남쪽 국경으로 출동했대. 이 소식을 들은 고구려의 보장왕은 김춘추를 돌려보내야만 했지. 왜? 당나라라는 강대국이 고구려를 노리고 있는데 신라와 전쟁을 벌이는 건 무모한 짓이었거든.

이 사건에 얽힌 재미난 이야기가 있는데 그 이야길 좀 하고 갈까?

지원군을 얻으러 왔다가 별관에 갇히는 신세가 되자 김춘추는 보장왕과 가까운 신하에게 위기를 벗어날 묘책을 물었어. 그러자 그 신하가 넌지시 이런 이야기를 들려주었대.

"옛날에 바다의 용왕이 병을 얻었는데, 땅 위에 사는 토끼의 간만이

용왕을 살릴 수 있다 하더랍니다. 그래서 충성스런 신하인 자라가 '제가 토끼의 간을 빼오겠노라' 나섰지요. 목숨을 걸고 땅으로 올라간 자라는 용케도 토끼를 만나 온갖 달콤한 말로 꾀어 용궁에 데려왔답니다. 그런데 부귀영화가 기다리려니 했던 토끼는 '네 간이 필요하다'는 용왕의 말에 하늘이 노래졌겠지요? 허나 호랑이 굴에 물려 가도 정신만 바짝 차리면 살 수 있단 말이 있길 않습니까? 토끼는 '제 간은 넣었다 뺄 수 있는 것으로 마침 꺼내어 바위에 널어놓고 왔으니 땅으로 나가 가져오겠다'고 했답니다.

그 대답에 용궁은 발칵 뒤집혔지요. 토끼의 말을 믿자니 다 잡은 토끼를 놓치는 거 아닌가 싶고 그냥 죽이자니 정말 간이 없다면 이 또한 헛수고니 말이지요. 한데 토끼가 어찌나 그럴듯하게 말하던지 간을 가져오라 했답니다. 자라의 등에 올라타 땅으로 올라온 토끼는 걸음아, 날 살려라 줄행랑을 치지 않았겠습니까?"

어느 동물이 간을 넣었다 뺐다 할 수 있다더냐?

이 이야기를 들은 김춘추는 얼른 말귀를 알아들었지. IQ가 150이 넘었거든. 보장왕에게 고구려의 땅을 돌려주도록 여왕을 설득하겠다고 했어. 그래서 김춘추는 싸움을 벌이지 않고도 무사히 신라로 돌아올 수 있었단다.

『별주부전』이라는 옛이야기를 이렇게 활용하다니 두 사람 다 멋지지 않니? 이웃 나라의 사신을 잡아 두는 것보단 돌려보내는 것이 전쟁을 막는 길이라고 생각한 고구려의 신하, 그리고 강경한 태도를 버리고 원만하게 빠져나오는 길을 택한 김춘추. 두 사람이 크게 벌어질 전쟁을 막은 게 아닌가 싶어서 말이야. 그러나 이 이야기가 진짜인지는 알 수 없어. 오직 두 사람만이 알겠지!

**별주부전**
별은 자라란 뜻이고 주부는 벼슬 이름인데 용궁에서 자라와 토끼가 벌이는 이야기지.

**군사 동맹**
국가 간에 군사를 보내 서로 도와준다는 약속이야.

## 김춘추가 향한 두 번째 나라

신라가 위태로움에서 벗어나려고 **군사 동맹**을 맺으려 했던 고구려에선 실패했지만 그렇다고 전혀 얻은 게 없는 건 아니었어. 고구려의 사정을 살필 수 있는 기회였거든. 고구려가 신라와 힘을 합치기보다는 남쪽으로 영토를 확장하고 싶어 한다는 것과 당나라와의 관계도 계속 삐걱대리란 걸 꿰뚫어 봤지.

아니나 다를까, 옛 땅을 찾기 위해 고구려와 백제는 힘을 합쳐 신라로 쳐들어왔어. 이제 신라는 이 땅에서 동맹군 하나 없이 나라가 망할지도 모른다는 불안에 휩싸였지. 그래서 기댈 데는 당나라밖에 없다고 생각하고 구원을 요청했어. 당나라가 고구려를 친다면 지원군을 보내겠다는 약속도 했지. 당나라 태종이 고구려를 공격했을 때 신라는 약속대로 군사를 보내 당나라를 돕기도 했다더구나. 그런데 너희들도 기억하듯이 그 전쟁은 당나라의 참패로 끝나고 말았잖니? 이런 어수선한 틈을 놓치지 않고 백제는 신라에게 맹공격을 퍼부어 신라 땅을 많이 빼앗았어.

김춘추는 비장한 마음으로 당나라로 향할 수밖에 없었지. 얼굴이 백옥처럼 희고 빼어난 미남자에 위풍당당하고 말솜씨까지 좋은 김춘추를 당나라 태종은 몹시 반겼다던걸? 연회를 열어 황금과 비단을 내려 주고 밤에는 따로 불러 밀담을 나눌 정도였다는구나. 그리고 김춘추가 돌아갈 땐 당나라의 높은 관리들이 모두 나와 성대한 환송 잔치까지 해 주었다는 거야.

도대체 왜, 강대국의 황제인 태종이 그렇게까지 한 걸까~ 궁금해지지 않니? 김춘추가 미남이라서 그랬을 거라고? 에이, 그럴 리가 있나. 그건 바로 태종의 마음에 쏙 들었던 김춘추의 제안 때문 아니었을까? 김춘추는 군사만 내어 준다면 한강 이북의 땅은 당나라가 차지해도 좋다는 말을 했다는 거야. 고구려 정벌에 실패했지만 다시 복수를 꿈꾸고 있었던 태종으로서는 구미가 확 당기는 제안이었겠지. 이렇게 서로의 욕심을 만족시켜 줄 밀담이 성공하는 줄 알았는데…….

그만 당태종이 덜컥 죽고 말았어. 신라의 실망은 이만저만이 아니

었지.

　신라에서도 선덕에 이어 진덕여왕까지 아들 없이 세상을 뜨자 김춘추가 태종무열왕으로 즉위했어. 고구려와 백제의 침략은 숨 돌릴 틈도 주지 않고 자꾸 거세지는데 지원군을 약속했던 태종이 죽었으니 그 약속이 지켜지질 않았지. 당나라 신하들이 태종의 아들인 고종에게 섣부른 전쟁은 위험하다고 말렸거든. 수나라 **양제**와 당나라 태종이 무리한 전쟁을 벌여 어떤 고통을 당했는지 예로 들면서 말이야. 그러니 날이 갈수록 태종무열왕의 근심은 깊어져 얼굴빛마저 어두워졌단다. 백옥 같았다던 그 얼굴에 수심이 가득해졌던 거지. 당나라의 지원군이 없다면 고구려와 백제의 협공으로 나라가 망하는 건 시간문제였거든.

**양제**
300만 대군을 이끌고 고구려를 침략했다가 참패한 수나라 황제야.

## 백제의 사비성으로 몰려든 나당 연합군

그런데 드디어 660년에 이 땅을 뒤흔드는 전쟁이 시작됐어. 신라의 간곡한 지원 요청으로 13만의 당나라 군대가 백제를 치기 위해 서해를 건너왔던 거야. 백제가 신라에 대한 공격을 중지하라는 당나라 고종의 말을 무시했다는 것이 그 이유였어. 하지만 신라의 도움을 받아 백제를 먼저 치고 고구려를 친다면 당나라가 만주와 한반도까지 다 차지할 수 있다는 욕심 때문이었지.

이제 위기에서 벗어날 기회가 왔다고 생각한 신라는 온 나라가 전쟁 준비에 들어갔어. 신라는 백강(금강)으로 들어오는 당나라군과 만나 함께 부여의 사비성으로 쳐들어가기로 했지. 김유신이 이끄는 5만의 신라군은 백제군에게 전쟁을 준비할 시간을 주지 않으려고 아주 재빠르게 움직였어. 나당 연합군 18만이 사비성으로 오고 있다는 것을 백제가 알아차렸을 땐 이미 때가 늦어도 많이 늦었지. 당나라군은 이미 백강으로 들어서고 신라군은 탄현(충북 옥천)을 넘어 황산벌(충남 논산)에 들어섰거든. 백제의 충신들이 절대로, 절대로 넘어오게 해선 안 된다던 백강과 탄현에 적들이 우글우글했던 거야.

그런데 순조롭게 진격하던 신라군이 황산벌에서 딱 막히게 됐어. 장군 중의 장군인 백제의 계백이 5000명의 결사대로 막고 있었기 때문이야. 당나라군에게 빨리 보급품을 전해야 승리할 수 있었던 신라 VS 신라군을 묶어 두어야 흩어져 있던 백제군을 모을 수 있던 백제는 황산벌에서 격돌했어! 이 전투의 승패가 나라의 운명을 가르기 때

사비성으로 향하는 나당 연합군

문에 두 나라 군대는 죽어라 싸웠지.

　그런데 5만의 신라군은 5000명의 백제군과 네 번의 전투를 치렀지만, 단 한 번도 이기길 못했어. 전쟁의 달인인 김유신이 월등하게 많은 군대로도 계백을 이기지 못했으니 이게 웬일이람? 아마 가족까지 다 죽이고 전쟁터로 나왔던 계백의 비장함과 이곳에서 밀리면 내 가족이 다 죽는다는 백제 병사들의 절박함이 강력한 힘을 만들어 냈던가 봐!

　황산벌을 통과하지 못하면 망할 수밖에 없었던 김유신도 비장의 무기를 꺼내 들었어. 어린 화랑들을 적진으로 보내기로 한 거야. 그들이 죽어서 돌아온다면 신라군이 분노로 힘을 얻을 거라고 생각했

거든. 정정당당한 작전은 아니지만 목숨이 왔다 갔
다 하는 전쟁터에서 이런 생각은 부질없는 건지도
몰라.

**원광법사**
신라의 승려로 화랑들이 지켜야
하는 5가지 약속인 세속오계를
만들었어.

**임전무퇴**
전쟁에서 물러나지 않는다는 뜻
으로 세속오계 가운데 하나야.

　**원광법사**의 싸움에서 물러서지 않는 **임전무퇴**를 배
운 화랑인 반굴과 관창에게 적진으로 돌격하라는 명
령이 내려졌어. 먼저 나선 반굴이 용감하게 싸우다
죽었지. 관창도 창 하나를 들고 백제 진영으로 돌진
했는데, 계백은 이 어린 군인을 불쌍하게 여겨 돌려보냈어. 하지만
이미 죽음을 각오한 관창이 거듭, 거듭 되돌아오니 어쩌겠어? 결국
죽일 수밖에 없었지……. 관창의 죽음을 눈앞에서 본 신라군은 분노
로 똘똘 뭉쳐서 백제군에게 달려들었어! 놀라울 정도로 잘 버티던 계
백과 5000명의 백제군은 어이없이 무너지고 말았지. 김유신의 작전
이 제대로 먹혔던 거야. 그런데 신라는 이 작전을 화랑의 숭고한 희

생이네, 뭐네 하는데…… 나는 어린 관창이 되돌아와 우물물을 손으로 움켜 마시고 다시 백제군 쪽으로 달려갈 때 너무 슬퍼서 그만 울컥했단다…….

황산벌 전투 때문에 늦어진 건데도 당나라군과 만나기로 한 날짜보다 하루 늦었다며 당나라 사령관 소정방이 신라의 부사령관을 죽이겠다고 나섰어. 신라군 사령관인 김유신은 도끼를 들어 먼저 당나라군을 물리친 다음 백제를 쳐부수겠다며 대들었지. 그 사나운 기세에 소정방은 움찔했어. 지원군으로 왔다고 으스대며 신라를 무시하는 소정방에게 김유신은 본때를 보인 거야. 짝짝짝, 한 나라의 장군이라면 이 정도의 배짱은 있어야지!

이렇게 처음부터 삐걱대긴 했지만 나당 연합군은 백제의 사비성을 무너뜨렸어. 사비성이 적의 손에 떨어지기 전, 의자왕은 천혜의 요새인 웅진성에서 버티면 그래도 승산이 있겠다고 생각했대. 그래서 의자왕은 사비성을 두 왕자에게 맡기고 떠났는데 두 왕자는 그 와중에도 의견이 갈려 다투다 항복하고 말았지. 웅진성으로 옮겨 간 의자왕은 더 기막힌 꼴을 당했는데 성주가 의자왕을 붙잡아 항복했다지 뭐야?

부모에게 효성스럽고 형제를 잘 돌봐 해동증자로 불렸던 의롭고 자애로운 의자왕의 끝은 너무나 불행했어. 백성들과 함께 당나라로 끌려간 지 얼마 안 되어 의자왕은 세상을 뜨고 말았지. 아마도 울화병 아니었을까? 백제의 영광을 다시 찾으려는 걸출한

**성주**
성의 우두머리야.

**해동증자**
해동은 바다 건너 동쪽인 우리나라를 말하지. 증자는 공자의 제자인데 학식이 뛰어나고 효성이 깊었대.

왕이었지만 말년엔 폭군이 되었다는 소리를 듣게 됐으니까. 그리고 700년 사직을 적에게 고스란히 넘긴 못난 왕으로 역사에 길이 남았으니 얼마나 속상했을까……. 백성들의 고통 또한 말로 다할 수 없었지.

## 떨치고 일어난 백제 부흥군

그러나 백제의 수도 사비성과 몇몇의 항복한 성을 빼고는 백제를 다시 일으키겠다며 **부흥군**이 들고 일어났어. 부흥군이 어찌나 기세등등하던지 신라가 움츠러들 판이었지. 사비성이 무너졌다고 백제가 끝난 게 아니었던 거야. 오히려 전쟁은 누가 승자인지를 가릴 수 없이 복잡해졌어.

이런 가운데 백제와 친분이 두터웠던 일본은 663년, 2만 7000명의 전투 부대와 1천 척의 배를 지원군으로 보냈어. 백제가 위험에 처했는데 돕지 않을 수 없다며 몇 년이나 준비해서 지원군을 보냈던 거지. 부흥군과 합세한 일본군 VS 나당 연합군이 서해 바다와 육지에서 크게 싸우게 됐어. 백제와 일본 그리고 신라와 당나라까지 뒤엉켜 싸우는 백강 전투가 벌어졌지. 곰곰 생각해 보면 삼국의 통일 전쟁은 동북아시아의 여러 나라가 크게 충돌했던 국제 전쟁이었던 거야.

그런데 이 전투에서 제대로 된 전략도 없이 덤벼

**부흥군**
백제 왕자 부여풍이 이끈 부흥군은 일본과 힘을 합쳐 나당 연합군에 맞섰어.

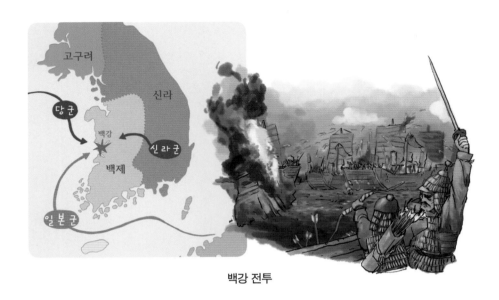

**백강 전투**

들었던 부흥군과 일본군은 거의 전멸하다시피 했어. 나당 연합군에게 불태워진 배의 연기는 하늘을 뒤덮었고 바닷물은 군사들의 피로 붉게 물들었지. 이 참담한 패배로 백제의 부흥 운동은 막을 내리고 말았단다.

**혼비백산**한 일본군은 살아남은 백제인을 데리고 일본으로 달아났지. 그리고 나당 연합군이 쳐들어올 거라고 생각한 일본은 백제인의 도움을 받으며 해안선을 따라 성을 단단히 쌓았다더구나. 그래서 나당 연합군이 일본까지 쳐들어갔느냐고? 아~니, 그럴 여유가 없었어. 당나라와 신라는 고구려를 무너뜨린 다음 최후의 승자를 가리기 위해 서로 다투느라 정신이 없었거든. 일본으로서는 참 다행이었지 뭐야?

**혼비백산**
몹시 놀라고 무서워 허둥지둥 도 망가는 모습이야.

## 고구려 평양성으로 몰아친 나당 연합군

백강 전투를 끝으로 백제는 영원히 사라졌어. 욕심을 드러내기 시작한 당나라는 그 땅에 웅진 **도독부**를 세우고 신라 땅에는 계림 도독부를 세워 자기 땅으로 만들려 했지. 한강 이남의 땅은 신라에게 주겠다는 처음의 약속과는 달리 한반도를 집어삼키려는 늑대의 이빨을 드러낸 거야. 그리고 다음 목표였던 고구려를 본격적으로 공격하기 시작했어. 늘 고구려와의 전쟁에선 군량미를 마련하는 것이 어려웠는데 옛 백제 땅과 신라에게서 군량미를 받으니 자신만만해진 거지. 그러나 고구려는 역시 버거운 상대였어. 연개소문이 이끄는 고구려군이 당나라군을 물리쳤거든.

그런데 마지막에는 역사가 고구려 편이 아니었나 봐. 고구려 최고의 관직인 **대막리지**로 왕보다 더 큰 권력을 잡고 있던 연개소문이 세상을 뜨자마자 그가 염려했던 일이 기어코 벌어졌으니까. 연개소문의 아들들 사이가 벌어져 고구려에 내분이 일어났던 거야. 장남인 연남생이 동생에게 막리지 자리를 뺏겼다고 당나라군의 앞잡이가 되어 고구려로 쳐들어왔지 뭐야? 참 어이없지? 나라가 망하거나 말거나 자기의 권력이 더 중요하다고 생각하는 위인이 고구려의 높은 관리였다니, 쯧쯧……

그래서 당나라는 승리를 장담했다더라. 예전엔 고구려에 틈이 없어 정복하는 데 실패했는데 이젠 고구려의 속사정까지 훤히 꿰고 있는 남생이 당나라

**도독부**
당나라가 점령한 땅을 다스리기 위해 세운 관청이지.

**대막리지**
고구려 후기 가장 높은 벼슬이래.

편이니 무엇이 두려우랴~ 했다는 거야. 결국 668년 고구려는 700여 년의 역사를 접고야 말았지.

정복하기가 어찌나 어려웠던지 당나라는 두 번 다시 고구려 같이 강한 나라가 들어서는 걸 원하지 않았어. 안동 도호부를 세워 제 땅으로 삼고 그것도 모자라 고구려의 백성들을 중국으로 끌고 가서 노예로 삼거나, 험하디험한 곳만 골라 여기저기 떨어뜨려 놓았거든. 힘을 모아 반란을 일으킬까 봐 두려웠던 거지. 하지만 요동 땅 책임자로 보내졌던 보장왕이 얼마 뒤 말갈과 손을 잡고 반란을 일으켰어. 비록 실패해서 감시를 받다가 죽었지만 그래도 고구려인다운 최후가 아닐까? 백제의 의자왕처럼 **시호**도 받지 못하고 어려서부터 불리던 보장이란 이름으로 기록되는 수모를 겪었지만 말이야.

막강한 북쪽의 기마 민족과 중국의 한족에 맞서며 한반도 지킴이 역할을 하던 고구려는 어이없게도 내부 분열로 최후를 맞았어. 고구려의 멸망 과정은 전쟁에선 힘을 하나로 모으는 것이 최고의 무기라는 걸 보

**당나라가 한반도에 세운 관청**

여 주었지. 월등히 많은 군사도, 강력한 무기도 단합을 이길 순 없었는데 분열이라는 틈이 보이니까 고구려도 한순간에 와르르 무너졌으니까. 살수대첩에서 보여 준 놀라운 승리와 당태종을 물리친 뛰어난 지략이 떠올라 고구려의 멸망이 너무, 너무 아쉬워……

## 한반도에서 내몰리는 당나라군

고구려 역시 부흥군이 일어나 나라를 다시 일으켜 세우려 했어. 그런데 고구려 부흥군은 신라와 손을 잡고 당나라에 맞섰는데, 어떻게 그런 일이 벌어진 건지 어리둥절하지? 적의 적은 내 친구라는 말을 들어는 봤니? 바로 딱 그거였던 거야. 백제와 고구려를 망하게 한 건 누구? 그래, 나당 연합군이지. 그런데 당나라가 신라마저 배신하며 수천 년 살아온 땅을 꿀꺽 삼키려 했잖니? 신라가 반격에 나서면서 당나라는 이제 삼국의 적이 됐던 거지.

신라는 당나라를 물리치기 위해 고구려 부흥군을 받아들이고 옛 백제 땅의 백성들을 다독였어. 두 나라의 백성들도 당나라와 손을 잡았던 신라가 괘씸하긴 했지만 다른 종족에게 이 땅을 빼앗길 순 없다는 생각을 한 거야. 그래서 고구려와 백제의 백성들은 당나라 몰아내기에 힘을 합치게 된 거란다.

이렇게 한반도의 통일 전쟁은 동북아시아의 여러 나라들의 이해관계가 얽혀서 아주 묘하고 복잡했지. 나도 머리가 어질어질한데 어린 너희들이야 오죽하겠니? 이쯤에서 시원하게 소나기 한번 내려 줄까? 절대 안 된다고? 크크…… 진짜 소나기 말고 이야기 소나기로 복잡한 머리를 시원하게 해 줄게, 들어 봐!

동북아시아의 최강자인 당나라를 몰아내는 나당 전쟁은 밀고 밀리며 7년이나 계속됐어. 당나라는 신라를 단숨에 무너뜨릴 줄 알았는데 웬걸, 신라는 전혀 만만하지가 않았어. 20여 년 전 지원군을 구걸하던 나약한 신라가 아니었던 거야. 그도 그럴 것이 십여 년이나 통일 전쟁을 겪으며 전투력이 눈부시게 늘었을 뿐만 아니라 정복한 땅에서 들어오는 생산물이 많아지면서 물자가 두둑해졌거든.

당나라가 고구려 정복에 실패했던 이유 중의 하나가 **군수 물자**가 모자라서였다고 했잖니? 이제 당나라에겐 군수 물자를 대 줄 한반도의 아군이 없으니 신라는 그 약점을 이용하면 당나라도 몰아낼 수 있을 거라 생각했어. 그 예상은 빗나가지 않았어. 질질 끌던 나당 전쟁이 신라의 승리로 굳혀지는 전투가 매소성과 기벌포에서 벌어졌거든. 그 이야긴 꼭 듣고 싶지 않니, 어린 친구들!

**군수 물자**
군대에서 필요한 모든 물건을 말해.

**매소성**
확실하진 않은데 경기도 연천 지역이 아닐까 한다네.

### 매소성 전투 - 육지에서의 큰 승리

때는 675년 초겨울이었어. 20만의 당나라 기마 부대가 **매소성** 근처에서 군수 물자를 가지고 나타날 지원군을 기다리고 있었지. 먼 거리를 오느라 당나라군은 식량이 떨어져 사람도, 말도 다 굶주리고 있

었거든. 배불리 먹고 힘을 내서 매소성을 공격하려
했는데 기다려도, 기다려도 보급 부대는 나타나지
않았어. 왜냐하면 임진강으로 들어오던 보급 부대가
신라군에게 이미 전멸당했기 때문이야. 패배했다는
소식을 전할 전령사마저 죽었다나 봐.

그것도 모른 채 추위와 굶주림에 떨며 기다리다 지친 당나라군은
그냥 매소성으로 진격하기로 했지. 그래서 용감하게 강물로 들어섰
는데 초겨울의 강물이 어찌나 차던지, 싸울 마음까지도 얼어 버릴 지
경이었대. 그런데다 강물에서 나오자마자 눈앞에 완전무장한 3만의
신라군이 나타나 **쇠뇌**를 비 오듯 쏘아 댔어. 신라군의 급습에 갈팡질
팡하던 당나라군은 마지막 방법으로

"무조건 돌격!"

을 외치며 매소성으로 달려가려 했지. 그러나 이번에도 기다리고
있던 건 기다란 창과 방패로 무장한 신라의 장창병들이었어. 길고 날
카로운 창이 당나라의 기마 부대에게 일제히 겨눠지자 창에 찔린 말
은 날뛰고 군대는 삽시간에 무너져 버렸지. 이때 신라군에게 빼앗긴
말만 3만 필이 넘었다고 하니 당나라군은 기가 아주 팍 죽었을 거야.
이렇게 매소성 전투는 신라의 완승으로 끝났어!

이 전투에서 김유신의 아들로 싸움터에서 도망쳤다고 버림받았던
원술도 큰 몫을 해냈지. 하지만 용서해 줄 김유신은 이미 이 세상 사
람이 아니었고 어머니도 다시 아들로 받아주지 않았다더구나. 그래
서 원술은 평생을 집안엔 얼씬도 못하고 죄인처럼 살았다나 봐. 임전

매소성 전투

무퇴를 한 번 어긴 것이 이토록 큰 죄가 될 줄이야! 그러나 신라가 승리한 까닭이 이런 무서운 정신력에 있었던 거 아닐까?

### 기벌포 전투 – 바다에서의 큰 승리

그런데 전쟁이 여기서 끝났다면 좀 좋아? 당나라는 이대로 물러나는 게 억울했던지 676년 아이들도 그 이름을 알았다던 당나라의 유명한 장군인 설인귀를 다시 **기벌포**로 보냈어. 설인귀는 매소성 전투의 기마 부대에게 군수 물자를 나르려다 크게 패해서 겨우 도망쳤던 장군이란다. 그 치욕을 되갚아 주려고 단단히 벼르며 나타났지. 거대한 함대를 뽐내며 기벌포로 들어선 당나라군은 신라의 작은 함대를

**기벌포**
서해와 금강이 만나는 곳이래.

보고 비웃으며 처음엔 승리를 거두었대.

하지만 신라군은 작은 고추가 맵다는 걸 확실하게 보여 줬어! 작기 때문에 신라의 함대는 빠르게 움직일 수 있었거든. 덩치가 큰 당나라 함대를 여러 방향에서 공격하고 빠르게 도망가기를 반복해서 당나라군을 지치게 만들었지. 숨 돌릴 틈도 없는 공격을 해 대자 커다란 당나라 함대는 우왕좌왕, 갈팡질팡 난리도 아니던걸? 이때 김시득이 이끄는 주력 함대가 나타나 당나라 함대를 하나하나 격파해 나갔지. 22번이나 벌어진 기벌포 해전도 신라의 승리로 끝났어!

기벌포(서천)

기벌포 해전

매소성 전투와 기벌포 전투에서 크게 진 당나라는 꼬리를 내리고 제 나라로 돌아가야만 했지. 그리고 다시는 신라를 넘보지 못했어. 당나라는 무리한 정복 전쟁을 너무 많이 일으켜서 사방팔방이 온통 적이었거든. 신라는 국제 상황이 어떻게 돌아가는지도 꿰뚫고 있었던 거야. 그래서 더 자신 있게 당나라를 몰아붙였던 거고. 당나라는 할 수 없이 배은망덕하다며 펄펄 뛰었던 신라와 평화롭게 지낼 수밖에 없었단다. 뭐, 당나라는 적을 하나라도 줄여야 했으니까.

676년, 16년이나 이어진 삼국의 통일 전쟁은 이토록 힘겹게 끝이 났어. 거대 공룡 같은 당나라를 몰아내는 것은 아주 힘이 들었지. 그

통일 신라와 문무왕

래서 고조선과 고구려가 있었던 만주와 한반도 북부를 내줄 수밖에 없었어. 대동강에서 원산만까지만 통일할 수 있었던 거지. 하지만 백성들은 비로소 평화로운 세상을 맞이했어. 오랜 전쟁으로 힘겹게 얻은 평화였지만 말이야.

그런데 아직도 삼국통일에 대해 말들이 많다며? 에구 그 소리를 들으니 또 머리가 어질어질해지네. 나는 더 이상 머리 아프기 싫어 다른 곳으로 갈 테야. 호락호락 토론방엔 통일 전쟁에 나갔던 사람들이 다 모일 거니까 그 사람들한테 물어보렴. 연세가 많으신 분들이니 깍듯하게 모셔야 될 거다. 워낙 높으신 분들이라 버릇없이 굴다간 벼락이 칠지도 몰라.

나는 이제 더 이상 벼락과 폭풍우나 내리는 먹구름이 되긴 싫어. 메마른 땅을 촉촉이 적셔 주는 단비가 되어 사람들을 기쁘게 해 줄 테야. 애들아, 그럼 안녕!

저자가 직접 강의하는 호락호락 한국사 1장
왼쪽의 QR코드를 찍어서 저자의 강의를 들어 보세요!
만약 QR코드가 안 될 경우에는 아래 링크로 들어오세요.
https://blog.naver.com/damnb0401/221182828029

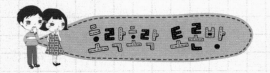

토론 주제: 신라가 삼국을 통일한 것은 잘한 일일까?

토론자: 그렇군  과 딴지양 삼국통일 관계자들

| 김춘추 | 의자왕 | 계백 | 김유신 | 백제녀 | 설씨녀 | 연개소문 | 보장왕 | 문무왕 | 김대성 | 아비지 |

딴지양, 이야기꾼인 먹구름이 가 버려서 오늘 토론도 우리가 이끌어야 할 거 같은데, 어쩌지? 어마어마한 사람들이 다 나온다는데…….

그래? 야아~ 그거 재미있겠는데! 김유신도 나오고 계백도 나오고 그러는 거야? 김춘추가 그렇게 잘생겼다고 하던데 정말 그런지 빨리 보고 싶다.

어허험, 우리 신라가 삼국을 통일한 걸 가지고 이러쿵저러쿵 한다는 것 자체가 나는 영 못마땅해. 그럼, 우리가 고구려와 백제의 협공을 받아 그냥 멸망했어야 한다는 거야, 뭐야? 나 이런 참!

와아~ **방탄**의 지민 오빠 닮았어! 딱 봐도 누군지 알겠네!

야, 야~ 딴지양, 정신 차려! 우리가 어르신들

**방탄**
세계인의 사랑을 받는 뮤지션, 방탄소년단의 줄임말인 건 다들 알지?

모시고 토론을 해야 하는 자리라고. 태종무열왕 님, 죄송합니다.

아니다. 예나 지금이나 내가 꽃미남이라니 그리 나쁘진 않구나. 그런데 오늘 토론 주제가 '신라가 삼국을 통일한 것은 잘한 일일까?'라면서? 왜 자꾸 삼국통일 이야기만 나오면 우리 신라를 죄인 다루듯 하는 건지 영 못마땅하다만 어서 토론을 시작하거라.

예, '호락호락 토론방'에 나와 주셔서 감사합니다. 오늘 이렇게 높으신 분들을 모신 건 신라가 삼국을 통일한 것이 잘한 거다, 못한 거다 하는 여러 의견이 있어서입니다. 먼저 오신 신라의 태종무열왕, 김춘추 님의 말씀을 듣겠습니다.

오호, 그렇군! 너, 사회 정말 잘 보는데?

쉿! 조용히 해.

어허험! 들어서자마자 말했지만 우리 신라가 삼국을 통일한 것에 대해 이러쿵저러쿵하는 게 나는 영 언짢고 서운하단 말이야. 우리 신라가 한반도 끄트머리에 있어서 고구려나 백제보다 발전이 늦긴 했지. 허나 진흥대왕 때 우리가 얼마나 강성해졌는지 다들 알지 않는가? 힘깨나 자랑하던 고구려는 수나라, 당나라를 막아내느라 휘청거려 예전의 고구려가 아니었다고. 그리고 가장 먼저 한반도를 주름잡았던 백제도 의자왕의 폭정으로 운이 다해 가고 있었고 말이야.

그럼, 세 나라의 힘이 비슷해진 거예요?

아니지. 그때 우리 신라는 모처럼 한강을 발판으로 쑥쑥 커 나

37

가고 있었으니 우리가 제일 잘나가고 있었어. 그랬더니 질투에 눈이 먼 고구려와 백제가 여제 동맹을 맺고 지긋지긋하게 공격해 오더구먼. 내 사랑하는 딸 고타소와 눈에 넣어도 안 아픈 내 손자들이, 의자왕의 공격으로 다 죽고 말았지. 백제는 한 하늘 아래 살 수 없는 원수가 됐단 말이야.

이보시오, 김춘추. 마치 내가 전쟁에 불을 붙인 것처럼 얘기를 하는데 어이없군그래. 우리 성왕이 진흥과 힘을 합쳐 잃어버린 한강을 되찾은 지 얼마 지나지 않아 뒤통수를 친 게 누군데 그러시오? 그것도 모자라 성왕의 시신도 돌려주지 않아 백성들의 분노를 산 게 누군데 그러냐고? '정의의 이름으로 신라를 용서하지 않겠다'가 우리 왕가의 가훈이었단 말이야~~!!

어어? 여기서 이러시면 안 됩니다. 진정하세요.

아, 1400년 만에 하고 싶은 이야기 좀 하게 냅둬!

김춘추 그대는 고구려 연개소문과의 협상이 잘 되지 않자 당나라로 쪼르르 달려가 구원을 요청했다지? 진덕여왕은 비단에 당나라 황제를 찬양하는 글을 한 땀 한 땀 새기기까지 했다면서? 우리 백제만 차지하게 해 준다면 한강 이북의 땅은 마음대로 해도 좋다는 비밀 약속까지 했다더군?

의자왕, 그 제안은 당나라 태종이 먼저 한 거요. 우린 손해 볼 게 없으니 그러마 한 것뿐이라고.

약삭빠른 김춘추, 어디서 발뺌이오? 역사책에 죄다 적혀 있다고! 고구려, 백제, 신라는 말이 통하고 풍속이 고만고만하지

만 중국은 샬라샬라 말도 다르고 문화도 다른
데 급하다고 아무데나 손을 내밀고 싶더이까?

그럼, 고구려와 백제가 여제 동맹을 맺고 하루
가 멀다 하고 우리 신라를 공격하는데 아무것도 안 하고 손 놓
고 있다 쫄딱 망했어야 된다는 건가? 의자왕 당신이라면 그랬
겠어?

어휴~ 어른신들, 오랜만에 만났는데 진정들 하시고 잠깐 쉬서
요. 저기 장군 중의 장군이라는 계백 장군이 계시네요. 어서 한
말씀 해주서요.

패장이 무슨 염치로 말을 하겠소마는, 너무 억울하니 몇 마디
하겠소. 660년 여름, 당나라군이 13만, 신라군이 5만이었으니
18만 대군이 우리 백제의 숨통을 조여 왔지요. 당나라군이 신
라군보다 많은 13만이나 오다니 이게 어디 우리끼리의 전쟁이
란 말이요?
우리 5000명의 결사대는 신라군과 네 번 싸워 네 번 다 이겼지
만 김유신의 얕은꾀를 이길 수는 없었소. 김유신은 어린 화랑
을 희생시켜 전세를 역전시켰던 거요. 나는 전투에선 승리했으
나 심리전에선 패했던 거라오. 그래서 결국 우리 백제가 어, 흐
흐흑…….

계백, 그만하시게. 보기 민망하이. 나를 어린 목숨이나 이용하
는 치사한 놈으로 모는데 심리전도 전략이란 걸 몰랐단 말인
가? 전쟁은 어떻게 하든 이기는 게 장땡이네. 나라가 사느냐 죽

**패장**
전쟁에서 진 장군이란다.

느냐 하는 판국에 화랑을 이용하든, 당나라의 지원을 받든 그게 뭐 어때서? 나라가 망하는 것보다야 백번 낫지. 강한 자가 살아남는 것이 아니라 살아남는 자가 강한 거라네!

와~ 엄청 멋있다! 김유신 장군님, 언제부터 그렇게 멋지셨던 거죠?

으흠, 화랑 때부터였다고나 할까~. 우리 신라는 진흥대왕 때부터 화랑제도를 만들어 싸움에서 절대 물러서지 않는 용맹한 젊은이들을 키웠지. 이 임전무퇴의 정신이 신라를 승자로 만든 거란다.

그래서 아들인 원술이 전쟁터에서 도망쳤다고 죽이라고 한 건가요?

한 번이라도 싸움에서 물러서는 모습을 보인 놈은 내 아들이라도 영원히 용서할 수 없어! 작은 나라가 이 정도의 정신력도 없다면 무슨 일을 이루겠나?

그렇긴 하죠……. 그런데요, 군사들은 김유신 장군의 그런 모습에 감격했겠지만 어쩐지 원술은 엄청 힘들었을 거 같은데…….

어머, 얘! 나는 백성들이 더 힘들었을 거 같은데? 백제가 나당 연합군에게 망하고 나서 백성들은 어떻게 됐을까, 그게 궁금해서 이 책 저 책 뒤져 봤는데 기록이 별로 없더라?

그렇지? 아무리 망한 나라이지만 700여 년을 살았던 백제인의 기록이 없어도 너무 없더구나. 역사서가 다 타 버려서 그럴 거야. 새삼 망한 나라의 설움을 다시 느껴야 하다니…….

누~구신데요?

나? 나는 백제의 이름 없는 백성이야. 그냥 백제의 여자, 백제
녀로 불러줘.

고구려는 벽화라도 남아 사람들이 어떻게 살았는지 좀 알겠는
데 백제는 너무 기록이 없어서 꼭 그림자 같단 생각이 들어요.
기억나는 게 있으면 좀 말해 주세요.

그래, 생각나는 대로 다 말해 볼게. 삼국이 늘 다투긴 했지만
외국 군대까지 몰려온 큰 전쟁은 처음이었어. 지옥이 따로 없
었지. 당나라군은 항복한 젊은이들까지 마구 죽였단다. 그래놓
고 총사령관인 소정방은 우리가 탑돌이를 하던 정림사 5층 석
탑에 제 공을 가득 써 놓더구나. 어찌나 분하고 억울하던지, 으
흐흐흑…….

항복한 사람은 살려 줘야 되는 거 아냐? 불끈!

말년에 실수를 하긴 했지만 용감하고 결단력 있던 의자왕은 나
라가 망하자 만 명도 넘는 백성들과 함께 당나라로 끌려갔어.
그 사람들은 다 노예가 됐을 거야. 살아남은 사람들은 백제를
다시 일으켜 세우겠다고 부흥군을 만들었지만 적들은 더 강했
단다. 700여 년 우아하고 세련됐던 우리 백제는 그렇게 역사 속
으로 사라졌지. 흑흑흑…….

울지 마세요, 예쁜 누나!

에구, 역사 속으로 백제가 사라졌다…… 그게 끝이에요?

아니. 지긋지긋하던 전쟁이 끝나자 신라는 고구려와 백제의 백

41

성들도 끌어안으려 하더구나. 하지만 망한 나라의 백성들은 차별을 받았지. 신라가 끌어들인 당나라를 물리치는 데 힘을 보탰는데도 말이야.

어, 삼국통일은 민족을 하나로 만들었다고 배웠는데요?

글쎄, 어제까지 죽자 사자 싸우던 사람들이 그게 하루아침에 되겠니? 200년 후 다시 후삼국으로 분열되는 걸 보면 나는 신라가 제대로 통일을 이룬 거란 생각이 안 들어.

고구려, 백제, 신라의 백성들이 '우린 이제 하나다'란 생각을 안 했단 거예요?

어머, 정말 하나라고 생각했으면 견훤이 후백제를 다시 세울 수나 있었겠니? 견훤이 백제 깃발을 올리자마자 옛 백제 사람들이 얼마나 좋아했는데? 아마 통일 전쟁으로 좋았던 건 신라 사람들뿐이겠지.

어머머머, 아녜요. 백제녀 씨, 신라 사람이라고 더 나을 것도 없었어요. 우리도 얼마나 전쟁에 시달렸는데요? 2년마다 삼국이 싸우는 통에 우리 아버진 다 늙어서 또 군대 영장이 나왔더라고요. 그래서 대신 군대 가 주는 남자에게 시집가겠다고 했던 거예요.

아~ 설씨녀! 맞죠? 와우, 진~짜 예쁜 누나네.

어, 그래. 내가 미스 신라 아니겠니? 오호호홍.

얘는 누나마다 다 예쁘다네? 설씨녀 씨, 그때 군대에 간다는 건 목숨을 내놓는 거나 마찬가진데 지원자가 있긴 했어요?

그럼요! 가난한 총각 하나가 그러마 하길래 혼인을 약속하고 군대에 보냈죠. 그런데 약속한 날을 넘기고 넘겨 겨우 돌아왔는데 도대체 누군지 모르겠더라고요. 최전방에서 어찌나 고생을 했던지 옛 모습은 온데간데없었지요. 왜 이리 늦었냐 했더니, 전투가 하도 치열해서 연장 복무를 두 번이나 했다더라고요. 아휴~ 그저 온 나라가 전쟁, 전쟁에 매달려 살았다고나 할까요?

뭐, 그래도 쑥대밭이 된 우리보다야 나았겠죠!

그야, 뭐…… 그렇긴 하죠. 통일 전쟁이 끝나고 한동안은 전쟁이 없어 좋긴 했어요.

휴우~ 전쟁은 진 쪽이나 이긴 쪽이나 다 희생이 크다더니 그 말이 맞네, 맞아.

두 누나가 하는 말을 들어보니 전쟁으로 만든 평화라서 백성들이 엄청 힘들었나 봐.

어허~ 내 이야기는 언제쯤이나 들을 텐가?

누구신데요?

나 개소문이야. 이름만 말하니 좀 이상하구먼. 그런데 뭘 모르는 사람들이 김춘추가 물건을 바리바리 싸들고 화해의 카드를 내밀 때 내가 너무 강하게 나와서 김춘추가 당나라로 가게 만든 거 아니냐면서 날 비판하더군? 허나 나는 '옛 땅을 돌려준다면……'이라는 협상 카드를 내민 거였어. 외국 군대에게 구원을 요청할 정도로 절박한 상황이라면서 우리에게 빼앗아간 땅을 돌려주지 않겠다니 김춘추가 더 뻔뻔한 거 아닌가? 아무튼 백제의 처참한 최후를 보면서 단단히 무장을 했더니 나당 연합군이라도 우리 고구려를 이길 순 없었지.

그러나 세월 앞에 장사 있나? 내가 죽고 나자마자 내부 분열이 일어나고 말았다대? 적의 침략보다 더 무서운 내부 분열이 말이야. 권력에서 밀려난 내 아들 놈 남생이가 당나라의 앞잡이가 되어 군대를 이끌고 고구려를 무너뜨렸다니…… 어이구, 그 천하의 불한당 같은 놈이 그러고도 당나라에서 작위를 받고 자손까지 부귀영화를 누렸다니 이거 원, 부끄러워 고개를 들 수가 없구먼…….

그런데 옆에서 눈물을 흘리시는 분은 누구세요?

나? 나는 고구려의 마지막 왕인 보장왕이네. 우리 고구려의 최후는 백제보다 더 처참했어. 수나라, 당나라가 우리에게 패배를 당했으니 보복을 심하게 했지. 고구려가 일어선 광활한 만주벌판을 잃은 것도 원통하지만 우리 백성들이 당한 고통이 나는 더 마음이 아프다네. 고구려 같은 강한 나라가 또 세워질까 두려웠던 당나라는 우리를 사람이 살기 힘든 곳에 떨어뜨려 놓았지. 그래서 우리 백성들이 참~ 많이도 죽고, 다치고 노예가 되어 서러운 세월을 견뎌야 했어. 어흐흐흑……. 다 내 죄야, 내 죄!

보장왕, 진정하시오. 당신 잘못이 아니라오. 그저 역사가 신라

편이었던 거요.

뭐야? 신라! 너희는 너희만 좋자고 당나라하고 아주 위험천만한 거래를 한 거야. 당나라가 땅 욕심이 얼마나 큰데, 그걸 몰랐나? 만주와 한반도를 다 손에 넣는 대제국을 건설하려 했단 말이야. 그것도 모르고 한강 이남의 땅을 주겠다는 말에 홀랑 넘어가서 한반도 전체를 내어 줄 뻔하지 않았어?

아, 그래서 죽을힘을 다해 대동강 위로 밀지 않았소? 7년간이나 우린 대제국 당나라와 겨뤘다고. 이게 뭐 아무나 할 수 있는 일인지 아시오? 때로는 호소도 하고 때로는 강하게 밀어붙이느라 얼마나 힘들었는데……. 삼국통일은 누구든 해야만 했던 일이오. 그 일을 나, 문무대왕이 한 게 그렇게 배가 아프오?

고정들 하소서. 불국사와 석굴암을 만든 김대성이 한 말씀 올리겠습니다. 신라가 위험천만하게 당나라를 끌어들였고 만주와 한반도 북부를 다 잃어버려 불완전한 통일을 했다고 하시는데 생각해 보니 그럴 수도 있겠다 싶습니다. 게다가 수많은 사람들이 전쟁으로 희생당해 원망도 크겠지요. 그런데 이건 잃은 것만 생각하는 건 아닌지요?

아니, 그럼 뭘 좀 얻었다는 겐가?

그럼요, 세상일은 잃는 게 있으면 얻는 것도 반드시 있는 법입니다! 삼국을 통일하자 시간이 걸리긴 했지만 '이제 우리는 하나다'라는 생각을 하게 되지 않았습니까?

어머머, 이 분 졸았나 보네? 다시 후삼국으로 나뉜 걸 보면 그

건 아니라고 했잖아요?

 후삼국으로 분열했다가 다시 합쳐지지 않았소? 흩어졌다가도 자석처럼 붙어서 고려와 조선을 세웠으니 우리는 하나라는 생각이 뿌리를 내리긴 내린 거지요. 고려와 조선이 세워지는 토대를 마련한 것만으로도 신라의 통일은 꽤나 가치 있는 일입니다!

서역
중국의 서쪽에 있는 중앙아시아와 인도 지역을 가리키지.

그리고 삼국의 문화가 합쳐져 세계가 놀라는 문화유산이 만들어지지 않았습니까? 신라는 삼국의 힘을 모아 부유하고 살기 좋은 나라로 서역까지 소문이 났던 나라입니다. 한 번 신라에 들어온 서역인들은 제 고향도 잊고 눌러 살 정도였으니까요.

 저 아비지는 백제의 장인으로서 김대성의 말에 공감합니다. 통일 후에 삼국의 문화가 합쳐져 이뤄진 통일 신라의 문화는 놀라움 그 자체였지요. 전쟁 없이 삼국이 통일을 이뤘더라면 더 좋았겠지만 고대는 정복 전쟁의 시대였으니 어쩔 수 없었다고나 할까요? 어쨌든 그 기나긴 전쟁이 끝나고 평화가 왔으니 그것만으로도 백성들에겐 최고의 선물이었을 겁니다.

그러게요. 16년이나 싸웠으니 전쟁이 끝난 것만으로도 백성들은 좋아했겠어요.

어휴~. 나는 토론하다 또 전쟁 나는 줄 알았어요. 원수진 분들이 모인 거라 아슬아슬했지만 삼국통일에 대해 잘 이해할 수 있었어요. 감사합니다.

하고픈 말은 아직도 많지만 이제 다 툴툴 털어 버리고 돌아가
련다.

그래요, 그래요! 우리가 겪은 걸 이 아이들이 두 번 다시 겪지 않
는다면 우리의 이야기는 성공한 셈이지요. 자, 다들 가십시다.

어서, 어서~ 안녕히들 가십시오. 휴우~.

## 신라의 삼국통일은 아쉬워

'신라가 삼국을 통일한 것은 잘한 일일까?'라는 토론은 결론을 내기가 좀 어렵다. 왜냐하면 잘한 부분도 있고 잘못한 부분도 있기 때문이다.

700년 동안 세 나라가 갈라져서 치열해진 전쟁이 끝난 건 좋은 일이지만 땅을 너무 많이 잃어버렸다. 발해가 고구려를 잇는 나라를 세워 잠깐 안심했지만 다시 다 빼앗기고 말았다.

그리고 신라가 남의 나라인 당나라와 손을 잡고 백제와 고구려를 무너뜨린 것도 아쉬웠다. 고구려라면 절대 중국을 끌어들여 전쟁을 벌이지는 않았을 거다. 신라가 당나라를 끌어들이지 않았다면 동북아시아의

호랑이였던 고구려가 통일을 했을지도 모른다. 그랬다면 고조선부터 우리 땅이었던 만주를 잃어버리는 일은 없었을 거다.

차라리 신라가 백제 땅만 차지하면 된다는 작은 꿈을 꿀 게 아니라 만주와 한반도를 다 통일하겠다는 꿈을 가졌더라면 더 좋았을 거다.

댓글 4개 · 댓글을 입력해 주세요. · 등록 · ✓ 인기순 최신순

내 말이! 고구려가 통일했으면 우린 벌써 강대국 됐을 거야.
제일 약한 나라가 통일을 한다고 설쳐서 약한 나라로 사는 거야. ㅜㅜ

그러니까! 고구려도 발해도 중국 역사라고 우기게 만든 건 신라 아니냐?
당나라를 끌어들여 같은 민족을 망하게 하다니……. 신라는 배신자야.

신라가 다 잘했다고 볼 수 없지만 그땐 같은 민족이라는 생각 자체가
없었다는데? 나라가 망하는데 그냥 가만히 앉아서 당할 수는 없잖아?

그건 그래. 나라가 망하면서까지 싸우지도 않고 통일하겠다고 하겠니?
그게 더 이상하지, 안 그래?

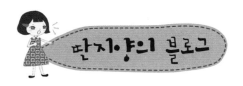

## 평화는 정말 소중해

전쟁, 전쟁! 삼국 시대는 온통 전쟁 이야기였다. 도대체 백성들은 어떻게 살았을까? 나는 총보다 무서운 게 칼이다. 커터 칼에 손을 살짝 베었는데도 얼마나 아팠는지 모른다. 그러니 칼이나 창 또는 화살에 맞으면 얼마나 고통스러울까? 그 생각을 하면 난 무조건 신라가 삼국을 통일해 평화로워진 게 잘한 일이라는 생각이 든다.

그렇군은 땅을 잃어버린 게 너무 아깝다며 신라가 아니라 고구려가 통일했어야 한다고 툴툴댔다. 하지만 고구려가 통일했다면 땅은 지켰

을지 모르지만 백성들은 안전하지 않았을 거다. 왜냐하면 중국은 늘 고구려를 무너뜨리려 했기 때문에 또다시 전쟁에 시달렸을 거 같기 때문이다.

신라는 나당 전쟁으로 좀 싸우긴 했지만 얼른 당나라와 다시 교류하면서 200년 동안 큰 전쟁은 없었다고 한다. 백성들에게 평화만큼 소중한 것은 없기 때문에 신라가 통일한 것은 정말 잘한 일이다.

댓글 4개    댓글을 입력해 주세요.    등록    ✓ 인기순 최신순

싸우기 좋아하는 고구려였으니 더 큰 전쟁이 났을지도 모른다는 거네? 거 말 된다.

야, 땅 잃어버린 게 억울하지도 않냐? 고조선부터 지켜 오던 땅을 다 잃은 건데? 지금 그게 우리 땅이면 우린 엄청난 부자야. 정신 차려!

딴지양, 너 묘하게 설득력 있다~. 고구려가 수나라하고 당나라에게 대든 거 보면 그렇기도 하겠다.

치~. 고구려와 발해 유적이 있는 곳을 한 번 가 보면 그런 소린 안 하게 될걸? 지금 중국에선 고구려, 발해의 역사가 다 중국 변방의 역사라고 소개하더라. 억울해서 눈물이 다 나던데?

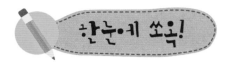

## 삼국통일은 이렇게 이루어졌어

치열하게 다투던 삼국의 균형은 신라가 당나라를 끌어들이면서 무너졌어. 나당 연합군은 먼저 백제를 쓰러뜨리고 고구려마저 무너뜨렸지. 그런데 당나라가 한반도 전체를 욕심내자 신라와 망한 나라의 백성들이 힘을 합해 당나라를 몰아냈단다.

### 1. 백제의 멸망
황산벌에서 계백 장군이 5천 명의 결사대로 신라군에 맞서 싸웠지만 이미 때는 늦었지. 660년 백제는 사비성을 내주며 멸망하고 말았어.

### 2. 고구려의 멸망
연개소문이 죽고 나니 지도층이 분열했어. 이때를 노린 나당 연합군이 쳐들어와 668년 평양성이 함락되며 고구려는 무너지고 말았지.

### 3. 나당 전쟁
당나라는 한반도 전체를 지배하려고 했어. 매소성과 기벌포에서 세 나라는 힘을 합쳐 당나라를 몰아냈지.

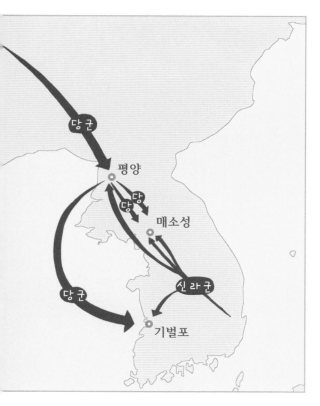

### 4. 신라의 삼국통일
신라는 한반도에서 가장 먼저 통일을 이룬 나라야. 백제와 고구려의 문화를 받아들여 화려하면서 국제적인 통일 신라의 모습을 보여주었어.

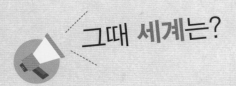
## 그때 세계는?

### 세계도 크게 바뀌고 있었어

유럽에선 서로마 제국이 멸망하고 게르만 왕국들이 들어섰지만 동쪽으로 옮겨 간 동로마 제국은 번성하기 시작했어. 중앙아시아에선 이슬람교가 탄생하고 인도엔 힌두교가 자리 잡았지. 당나라는 당시 세계에서 가장 번영한 국제적인 나라가 되었어.

### 게르만 왕국들

서로마 제국을 멸망시킨 게르만족들이 서유럽 곳곳에 여러 나라를 세웠단다. 하지만 로마 가톨릭을 받아들인 프랑크 왕국만 오랫동안 남아서 중세 유럽의 강자가 됐지.

### 이슬람의 탄생

아라비아 반도가 동서 무역로가 되면서 사람들로 북적였어. 예언자 무함마드는 '사랑과 평등'을 강조하는 이슬람교를 만들어 그를 따르는 사람들과 함께 이슬람 제국을 세웠어.

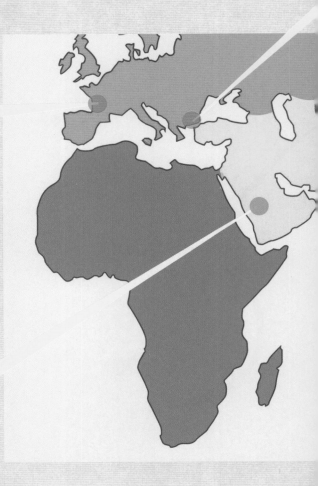

## 동로마 제국

서로마가 몰락하기 전 콘스탄티노플로 옮겨
온 동로마 제국은 동서양 무역의 중심지로 천
년의 영광을 누렸어.

## 당나라

비단길을 통해 세계와 교류하며 국제적인 나
라가 되었어. 당시 세계에서 가장 번영하여 물
건을 사고팔려는 세계의 상인들과 앞선 문화
를 배우려는 사람들이 당나라 수도인 장안으
로 몰려들었단다.

## 힌두교의 탄생

고대부터 인도에는 수많은 종교가 있었는데
브라만교는 모든 종교를 받아들여 누구나 이
해할 수 있는 교리를 만들었대. 이렇게 탄생
한 힌두교는 널리 퍼져 인도의 민족 종교로 자
리 잡았단다.

**698년**
발해 건국

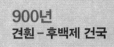 **900년**
견훤 – 후백제 건국

 **901년**
궁예 – 후고구려 건국

 **918년**
왕건 – 고려 건국

**926년**
발해 멸망

**935년**
신라 멸망

**936년**
후백제 멸망

# 2장
# 북쪽엔 발해, 남쪽엔 신라가 있었지

나는 천리마야. 하루에 천 리를 달린다고 붙여진 이름이지.

천 리가 얼마나 되는 거리냐면 서울에서 울산까지쯤 될 거야.

엄청나지? 나는 남북국 시대의 발해와 신라에 대해

이야기하려고 나왔어. 땅이 하도 넓어져서 한참을 달려야 하니

내 등에 올라타고 돌아다녀야 할 거다.

자, 다들 올라탔니? 고삐 단단히들 쥐고~ 출바~알!

# 천리마가 들려주는 남북국 시대 이야기

타가닥 타가닥……『호락호락 한국사』를 읽는 친구들, 안녕! 나는 하루에 천 리를 달린다는 천리마! 남북국 시대의 이야기를 하려고 나왔어. 남쪽에는 신라가 통일을 이루고 북쪽에는 발해가 세워져 200여 년을 이어 갔거든. 그래서 남북국 시대라고 하지.

우리는 광활한 만주벌판에서부터 경주까지 달리며 200여 년의 역사를 한눈에 봐야 하거든? 그러니 내 등 위에 올라타서 고삐를 단단히 쥐어야 할 거다. 자, 준비됐니? 출바~알!

## 다시 일어서는 고구려인들

타다다다닥…… 여기 광활한 땅은 이제 당나라의 땅이 되어버린 영주라는 곳이야. 이곳에 고구려인들이 끌려와 말갈족, 거란족 등 여러 종족과 뒤섞여 살고 있었어. 당나라에게 오랑캐라 불리며 무시를 당했던 이 지역 사람들은 당나라의 혹독한 다스림과 멸시를 더 이상

견딜 수 없었지.

먼저 거란족이 들고 일어났어. 당나라는 사방팔방으로 여러 나라를 침략해서 대제국을 건설하느라 어수선했거든. 그 틈을 노렸던 거란족은 연이어 승리를 하며 당나라를 당황하게 만들었지. 기회만 오기를 기다리던 고구려인 걸걸중상과 말갈족 걸사비우도 힘을 합쳐 무리를 이끌고 당나라에 맞섰어. 크게 놀란 당나라는 걸걸중상과 걸사비우에게 높은 관직을 주겠다며 설득했지만 두 사람은 더 강하게 맞섰단다.

반란 세력이 커지는 것을 두려워한 당나라는 늘 중국이 해 오던 전략인 '이이제이 작전'을 쓰기로 했어. 오랑캐로 오랑캐를 물리친다는 전략인데, 거란족과 손을 잡았던 돌궐족에게 거란족을 배신하도록 부추겼단다. 돌궐족은 자신들의 나라를 세울 수 있게 도와주겠다는 당나라의 부추김에 거란족을 배신하고 말았어. 그러자 당나라는 항복한 거란족의 장수에게 고구려인과 말갈족의 반란을 무너뜨리라는 명령을 내렸어. 이번에도 오랑캐로 오랑캐를 제압한다는 전략이 먹힐 줄 알았겠지만 천만의 말씀! 이번엔 좀 달랐지. 중국과 당당하게 맞섰던 고구려인의 후예였으니 절대 만만하지 않았거든.

당나라군이 된 거란의 장수는 말도 잘 타고 무기도 귀신 같이 잘 다뤄 늘 승리한다는 이해고라는 명장이었어. 이해고에게 맞섰던 걸

**보병**
지상에서 말을 타지 않고 싸우는 군인이야. 지금의 육군이지.

사비우와 걸걸중상은 전투 중에 전사하고 말았지. 그러나 걸걸중상의 아들인 대조영은 슬퍼할 겨를도 없었어. 왜냐하면 당나라군에게 크게 진 데다가 쫓기는 신세가 됐는데도 따르는 무리는 더 불어났거든. 당나라가 괴롭히지 못하는 나라를 세우겠다는 꿈을 가진 사람들이 많았던 거야.

맹렬하게 추격해 오는 당나라군으로부터 따르는 사람들을 안전하게 지켜야 한다는 책임감 때문에 대조영은 어깨가 더 무거워졌어. 하지만 대조영이 누구야! 옛 고구려의 장수 아니더냐? 고구려인답게 용맹하게 사람들을 이끌고 수천 리를 달려 옛 고구려 땅으로 들어갔지.

그러나 추위가 닥쳐오고 물자도 부족해지자 대조영은 추격하는 당나라군을 전멸시켜야만 안전하다는 걸 깨달았어. 그래서 마지막 결전의 장소로 좁고 험한 천문령을 택해 비장한 마음으로 적을 기다리고 있었지. 20만이라는 대군을 만 명도 안 되는 군대가 막으려면 산속에 숨어 있다 함정에 빠뜨리는 수밖에 없었으니, 탁월한 선택이었어! 기마병과 **보병**을 잘 활용해서 상대를 전멸시키는 이해고의 군대를 이길 방법은 별로 없었거든. 치고 달아나는 작전으로 기마병을 고립시키는 방법이 최선이었지.

천문령(길림성 합달령으로 추정)

작전대로 대조영 군대가 싸우다 자꾸 도망가니 마음이 급해진 이해고는 보병이 따라올 새도 없이 산속 깊숙이 들어왔어. 기마병을 도와줄 보병이 없는 것을 확인한 대조영 군대는 총공격을 퍼부었지. 급습을 당한 당나라 기마병은 눈이 한길이나 쌓인 데다 폭설마저 내리자 무너지기 시작했어. 미끄러운 길에 말들은 엎어지고 뒤따라오던 보병들마저 눈 속에서 길을 잃어버렸거든. 20만이나 되던 당나라군은 전멸하다시피 했고 이해고는 겨우 살아남아 도망가고 말았단다. 20배가 넘는 상대를 지혜로운 전략과 용맹함으로 이긴 거야!

살수대첩의 을지문덕과 당태종을 물리친 양만춘이 다시 살아난 거 같지 않아? 그런데 도망간 이해고의 소식도 좀 궁금하다고? 전멸당했으니 이름대로 해고됐을 거라고? 푸히힝~ 아니, 동족인 거란족을 무너뜨린 공로로 계속 승승장구했대. 고구려의 연남생처럼 말이야. 그러나 같은 종족으로부터는 엄청 욕을 먹었겠지.


## 동모산에 세운 나라


대조영은 용맹하게 싸운 사람들을 이끌고 동모산에 터전을 잡았어. 동모산은 백두산 자락에 있는데 험준한 산줄기로 둘러싸여 요새 중의 요새였지. 그리고 토지는 기름지고 생산물은 넉넉해서 도읍지로 그만이었다나 봐. 게다가 천문령 전투에서 보여준 지략으로 대조영은 걸출한 영웅으로 소문이 나서 새 나라를 세우겠다는 사람들이

구름처럼 모여들었어. 당나라에게 온갖 핍박을 받던 고구려인, 말갈인, 거란인까지 모여들어 단숨에 20만이 훌쩍 넘었다던걸?

698년 고구려가 망한 지 딱 30년 만에 드디어 잃어버렸던 나라를 다시 세웠어. 영주에서 백두산 자락까지 장장 1000킬로미터를 달려가 꿈을 이룬 거야. 당나라가 그토록 두려워했던 동북아시아의 호랑이가 다시 나타난 거지. 푸히힝~ 통쾌해, 정말 통쾌해!

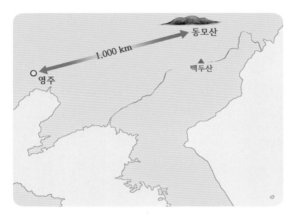

동모산(사진 제공:동북아역사재단)

천문령 전투에서 크게 진 당나라는 발해를 무너뜨리려고 다시 침략군을 보내려 했지만 다른 종족이 발해로 가는 길목을 막고 있는 바람에 포기해야만 했어. 그런데다 갈수록 발해의 세력이 커지자 당나라는 책봉이라는 방법으로 발해와 평화롭게 지내려 했지.

책봉은 중국의 황제가 이웃 나라의 왕을 인정한다는 것인데 전쟁으로 상대를 제압할 수 없을 때 중국이 쓰는 방식이야. 힘이 강해진 한나라 무제 때부터 주변의 여러 나라들은 중국이 책봉을 하면 조공을 했어. 조공은 예물을 바친다는 뜻이지만 나라와 나라 사이에 물건을 사고파는 교역의 한 방식이었지. 언뜻 왕과 신하의 관계처럼 들릴지 모르지만 사실, 조공과 책봉은 중국과 이웃 나라들이 서로 평화롭게 지내기 위한 방법이었단다. 동아시아의 여러 나라들은 이렇게 중국의 체면을 살려주면 평화를 유지하고 중국의 앞선 문물을 받아들일 수 있었기 때문에 오히려 이익이라고 생각했대. 그래서 기꺼이 조공을 바치고 책봉도 받았지. 발해도 이 관계를 받아들이고 점점 더 세력을 넓혀 갔어.

발해 건국 우표(우정사업본부 발행)

## 당나라 등주성 선제공격

처음 발해가 세워졌을 때 당나라는 멀고 험한 지형만 믿고 나라를 세웠다고 발해를 깔봤어. 신라는 친하게 지내자고 사신을 보낸 대조영에게 5품 관직을 주면서 무시했지. 그런데 한반도의 세 배나 되는 대제국으로 클 줄은 상상도 못했을 거야. 발해가 등주를 먼저 공격하는 사건이 벌어지기 전까지는 말이야. 그 사건이 무엇인지 알고 싶지? 푸히잉, 보고 들은 게 많은 내가 속 시원히 말해 주마.

발해의 성장에 불안을 느낀 주변의 흑수말갈과 당나라는 적극적으로 교류하면서 점점 발해를 압박해오기 시작했어. 그런데 흑수말갈은 또 뭐냐고? 그렇지! 궁금한 게 많으면 자다가도 떡이 생기고 질문이 많으면 인공지능, 알파고를 누를 수 있는 거란다.

말갈족은 사는 지역에 따라 여러 종족이 있었는데 흑수말갈은 흑룡강 쪽에 사는 종족이야. 흑수말갈은 발해가 쳐들어올까 봐 두려웠

고 당나라는 발해가 고구려처럼 강한 나라가 될까 봐 두려웠어. 같은 불안을 가진 두 나라는 당연히 친해졌겠지?

그런데 발해의 무왕은 바로 이웃 나라인 흑수말갈이 당나라와 친하게 지내는 것이 영 껄끄러웠어. 흑수말갈은 사납고 용맹하기로 소문난 종족이라 언제든 힘이 생기면 쳐들어올 수도 있었거든. 그래서 동생인 대문예에게 흑수말갈을 토벌하라고 했어. 그런데 대문예는 흑수말갈을 토벌하다 당나라의 심기를 건드리면 전쟁이 일어날지도 모른다며 망설였지. 발해가 당나라 같은 큰 나라를 어찌 이기겠냐며 전쟁을 극구 말리더니 급기야 당나라로 도망쳐 버렸어.

무왕은 직접 군대를 이끌고 흑수말갈을 단숨에 무너뜨리고 난 다음 당나라에게 나라를 배신한 대문예를 처벌해 달라고 요구했지. 당나라가 그 요구를 들어줬을까? 노우? 딩동댕! 오히려 약 올리듯 대문예에게 높은 벼슬을 주고 후한 대접을 해 줬단다. 국가의 중요 비밀을 다 알고 있는 대문예가 당나라의 후한 대접을 받는다는 것은 발해로서는 큰 문제였지. 게다가 나라의 자존심까지 걸린 문제라 무왕은 결단을 내려야만 했어. 이참에 발해의 힘을 보여 주지 않으면 당나라가 계속 얕잡아 볼 게 뻔했기 때문이야.

732년, 장문휴 장수에게 당나라 등주를 공격하라는 명령을 내렸어! 등주는 당나라 북쪽의 가장 큰 항구로 옛날부터 여러 나라와 무역을 하며 번성한 곳이었지. 게다가 군사적 요충지라 수비도 아주 삼엄했어. 그런데도 발해군은 바람처럼 날아가 벌처럼 쏘듯이 순식간에 등주를 쑥대밭으로 만들었지. 그 소식에 당나라군이 달려왔을 땐 발

**원정**
먼 곳으로 싸우러 가는 거야.

해군의 흔적조차 찾을 수 없었대. 발해의 등주 공격은 속전속결의 힘을 한 번에 보여 준 대사건이었어!

당나라 황제는 노발대발하며 신라에게 함께 발해를 공격하자고 했지. 그러나 두 나라 군대 모두 **원정**을 가는 도중에 눈 속에 파묻혀 허우적대다가 싸워보지도 못하고 포기하고 말았대. 참, 이래저래 당나라는 체면이 안 서게 됐지? 발해의 전투력에 놀란 당나라는 발해를 인정할 수밖에 없었어. 대문예는 당나라를 자극하는 것조차 어리석은 짓이라고 했지만 무왕이 대범하게 당나라 본

등주(산동반도) 공격

토를 공격한 것은 오히려 발해의 힘을 보여 준 좋은 기회가 되었지.

이어서 발해가 옛 고구려 지역까지 영토를 넓히자 당나라는 그제야 울며 겨자 먹기로 대동강 이남의 땅은 신라 것임을 인정했어. 국경을 맞대게 된 발해와 신라가 서로를 견제하길 바랐던 거지. 또다시 오랑캐로 오랑캐를 견제하는 이이제이 작전을 쓰려는 거였어. 그 작전이 먹혔을까? 궁금하지? 그건 조금 있다 말해 줄게.


## 동쪽 바다의 융성한 나라, 발해

나라가 세워진 지 100년쯤 지나자 발해는 강대국으로 성장했어. 사방이 5000리나 되는 거대한 나라여서 큰 수도를 5개나 세웠지. 넓은 땅과 무성한 삼림에서 나는 생산물은 어찌나 많던지 발해를 풍요로운 나라로 만들기에 충분했어. 당나라, 신라, 일본, 거란 등과 교역하기 위한 다섯 갈래의 길도 만들어지면서 발해는 국제적인 나라가 되었지.

북쪽에 세운 상경성은 당나라의 수도 장안을 본떠서 만든 계획도시로 동아시아에서 두 번째로 컸단다. 그럼 첫 번째로 컸던 도시는 어디냐고? 물론, 장안이었지. 그때는 당나라가 주변의 나라들을 제압해서 대제국을 이루고 있었거든. 장안에는 비단길을 통해 수많은 사람들이 드나들고 세상의 온갖 문화가 뒤섞여 생기발랄한 국제적인 문화가 생겨났어. 그래서 주변의 여러 나라들은 당나라의 제도와

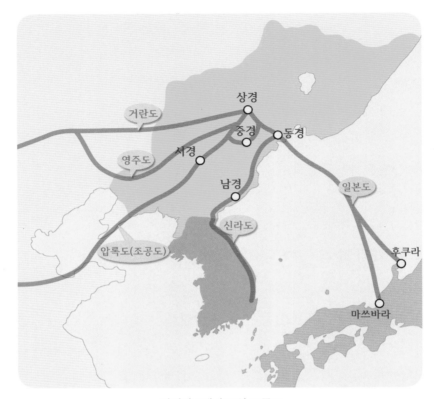

발해의 5개 수도와 교류도

문화를 최고의 것으로 여기며 받아들였단다.

발해도 당나라로 가는 길을 열고 제도와 문물을 받아들여 나라를 발전시켰지. 특히 문왕은 유학을 받아들여 나라의 체제를 갖추고 불교를 장려하여 백성들이 하나가 되도록 노력했어. 주변의 북방 민족이 세운 나라와는 다르게 문화 강국을 만들었던 거야.

발해는 영주도와 압록도(조공도)를 통해 당나라에 89차례나 사신을 보내어 앞선 문물을 적극적으로 받아들였어. 장사꾼은 장안을 드

나들며 활발하게 교역을 펼치고, 젊은이들은 학문을
배우러 갔지. 발해인은 그곳에서 외국인을 당나라
관리로 뽑는 빈공과에도 합격하며 당당한 국제인의
모습도 보여 주었어. 당나라는 이런 발해인을 잘 대

접했단다. 사마귀만 한 땅에 세워진 나라라며 멸시
당한 지 100여 년, 발해는 선왕 때 동쪽 바다의 융성한 나라로 눈부
시게 발전하며 국제적 위상이 쑤욱~ 올라갔단다.

　발해에는 멀리 중앙아시아까지 이어진 담비의 길이라 불린 교역
로도 있었어. 발해의 특산품 중에 최고로 인기 있었던 명품이 담비 가
죽이었거든. 그래서 지금까지 중앙아시아의 은화가 발견되기도 하
는 거야.

담비

은화

　그런데 발해는 가까운 신라보다는 배를 타고 가야 하는 일본하고
더 친하게 지냈지. 왜 그랬을까? 발해를 세운 사람들이 나당 연합군

에게 망한 고구려인이었기 때문이라고? 히이잉, 정답! 그런데다 당나라와 신라가 더 친하게 지내며 발해를 계속 견제했거든. 발해도 언제 당나라와 힘을 합칠지 모르는 신라를 견제하기 위해 일본에 사절단을 보냈지. 신라의 뒤쪽에 자리한 일본은 신라에겐 위협적인 나라였으니까.

일본은 발해의 사절단을 극진히 대접했어. 발해인이 묵을 숙소를 내어 주고 배를 수리하거나 새로 만들 목재를 내어 주기도 했지. 일본의 왕은 사신들에게 관직도 내리고 선물도 잔뜩 주었어. 그리고 무사귀환을 바라는 기도까지 올려 주었대.

왜 이토록 귀하게 대접했던 걸까? 발해는 당나라나 중앙아시아와 통하는 길을 가지고 있었기 때문이야. 발해는 외진 곳에 있었던 일본에게 그 나라들의 앞선 문물과 소식을 전해 주는 역할을 했던 거지. 그리고 발해가 가져오는 특산물도 일본에서는 대인기였대. 외교와 장사라는 두 마리 토끼를 잡을 수 있었기에 발해도 열심히 사절단을 보냈어.

바닷길은 목숨을 걸어야 하는 험한 길이었지만 한겨울 계절풍을 이용하면 일본으로 가기가 쉬웠지. 왜냐하면 계절풍이 불어 바다의 흐름이 일본 쪽으로 가게 만들었거든. 그래서 발해의 배는 한겨울이 돼야 항해를 시작했고, 하늘의 별을 나침반 삼아 동해를 건넜어. 이듬해 봄이 와야 돌아오는 6개월이나 걸리는 긴 여정이었단다.

그런데도 발해는 계절풍과 천문항법을 이용해서 35차례나 일본으로 갔어. 이렇게 바다를 건너려면 배를 만드는 기술이나 항해 기술이 뛰어나야 했지. 하지만 발해가 처음부터 그런 조건을 갖췄던 건 아니야. 때로는 폭풍을 만나 **좌초**하기도 하고 엉뚱한 곳에 도착해 그곳 사람들에게 죽임을 당하기도 했거든. 하지만 용맹한 발해인은 발해호 항해를 멈추지 않았어.

**좌초**
배가 암초에 걸려 바다에 빠지는 거야.

  당나라와의 관계가 좋아진 후부터는 교역을 하려고 발해호를 띄웠지. 발해의 상품이 일본에 가면 부르는 게 값이었거든. 발해의 호랑이 가죽, 담비 가죽은 명품 중의 명품이었지. 특히 담비 가죽을 걸쳤다는 건 부의 상징이라 여름 연회에도 여덟 벌의 담비 가죽옷을 입고 나타난 일본 귀족이 있었다더라. 푸후흥, 한여름 찜질방이 따로

발해의 상품

없었겠다. 게다가 백성들 사이에서도 발해의 가죽옷 입기가 대유행하자 일본 정부는 사치품을 금지한다며 발해의 배가 오는 것을 제한하기도 했다는구나.

신라와 사이가 좋았는지는 왜 이야기 안 하냐고? 그래, 그 이야기가 남았지? 발해의 교역 길에는 분명 신라로 가는 남경이 있었어. 그러나 일본이나 당나라만큼 친하게 지내지는 못한 거 같아. 왜냐하면 두 나라가 열심히 교역했다는 기록이 없거든. 그리고 당나라는 빈공과라는 외국인을 뽑는 과거에 신라인과 발해인의 경쟁을 부추기며 두 나라가 가깝게 지내지 못하게 했단다. 그 작전에 말려든 건지 두 나라는 큰 전쟁을 벌이진 않았지만 서로 헐뜯기도 하며 뭐, 그다지 사이가 좋지 않았대. 에구, 서로 손을 잡았더라면 얼마나 좋았을까~라는 아쉬움이 남지.


## 남자 셋이 모이면······

담비야 작으니까 잡기 쉬웠다지만 호랑이는 사납기로 유명한 동물인데 어떻게 발해의 특산품이 된 거냐고? 발해인 셋이 모이면 호랑이 한 마리쯤은 거뜬히 잡았다던걸! 에이, 믿을 수 없다고? 푸이힝, 발해는 숲의 바다라고 할 만큼 무성한 삼림 지역에다 겨울이면 영하 20~30도까지 내려가는 곳이야. 그러니 먹거리와 추위를 막기 위해선 사냥이 필수였지. 그런데다 발해인은 기마 민족의 후예인 고구려

와 말갈족들이니 사냥을 좀 잘했겠어?

　가도 가도 끝이 없는 넓은 들판, 그리고 바다처럼 넓은 강과 호수에서 발해인은 농사짓고, 가축을 기르고, 물고기를 잡았어. 물론 추운 곳이라 벼농사보다는 잡곡 농사가 많았지만 열심히 움직이기만 하면 살림살이는 넉넉했지. 캐고 또 캐도 먹거리를 내어 주는 산, 잡고 또 잡아도 물고기가 넘쳐 나는 강과 호수는 발해인이 가진 복이었지. 환경에 맞추어 지혜롭게 먹거리를 거두는 발해인들을 상상해 보렴. 강인하면서도 부지런한 발해인들이 보일 거야.

　이들은 놀이도 남달랐어. **격구**라는 아주 격렬한 놀이를 즐겼는데, 이건 고구려 때부터 전쟁과 사냥에 대비한 놀이였지. 격구는 말도 잘 타야 하고 공도 재빠르고 정확하게 넣어야 했기 때문에 저절로 사냥과

**격구**
삼국 시대부터 즐기던 놀이로 조선 시대까지 전해졌는데 무예를 연습하기 좋았기 때문이래.

군사 훈련이 됐단다. 말을 타고 막대기로 요리조리 공을 차서 상대
편에 많이 넣으면 이기는 건데, 떼를 지어 달리는 말발굽 소리로 천
지가 진동할 정도였지. 하는 사람이나 보는 사람 모두 신이 나서 경
기가 끝나도

"아니, 벌써?"

하면서 다들 아쉬워했다나?

그리고 발해인들은 **신명**이 넘쳐서 노래하고 춤추는 것도 아주 좋
아했어. 발해의 음악과 춤은 유~명했지. 해마다 춤추기 대회를 열고
격렬한 춤판을 벌여 마음을 나누며 결판지게 놀았으
니까. 지금의 수많은 노래방과 세계적인 인기를 누
리는 아이돌이 그냥 나온 게 아니라고!

한번은 일본에 사신으로 갔을 때의 일이야. 연회

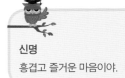

**신명**
흥겹고 즐거운 마음이야.

가 벌어져 음악이 흐르자 발해 사신들은 자연스럽게 어깨춤을 추며 자리에서 일어났어. 그리고 음악에 맞춰 춤을 추기 시작했지. 연회를 연회답게 즐겼던 거야. 가만히 눈으로만 즐기던 일본인은 이 모습을 보고 놀라서

'발해인들은 춤을 아주 좋아한다'

라고 기록했대.

그런데 말이야, 이렇게 용맹하고 신명 많은 발해 남자들이 여인들한테는 꼼짝도 못했다는 게 믿어지니? 주변의 나라들은 여러 명의 첩을 두고도 큰소리를 탕탕 치며 살았는데 발해에선 어림 반 푼어치도 없는 일이었지. 일부일처제 그러니까 첩을 절대 들일 수 없었다나 봐. 아내의 자매들이 눈을 부릅뜨고 감시했기 때문이야. 같은 시대의 어느 나라보다도 여인의 지위가 높았던 거지. 다른 나라의 여인들은 나 같은 명마를 타고 달릴 수 없었지만 발해의 여인들은 말을 타고 마음껏 달릴 수 있었거든. 딴지양, 맘에 들어?

## 해동성국의 최후

그런데 발해의 최후는 참 허무했어. 강성했던 나라가 전쟁이 시작된 지 몇 개월 만에 망해 버렸거든. 나라가 세워진 지 200여 년이 흐르자 동북아시아의 호랑이였던 발해도 서서히 이빨 빠진 호랑이가 되어갔지. 발해의 지배층은 풍요와 안락에 빠져들고 여기저기서 반

란이 일어나 나라가 참 어수선해졌으니까. 국제적인 나라로 이름을 떨치던 당나라도 멸망하여 중국 땅은 여러 나라로 갈라졌어. 그 사이 거란족이 무서운 기세로 세력을 넓히더니 916년 야율아보기라는 지도자가 나타나 요나라를 세웠어. 이제 동북아시아의 호랑이 자리는 요나라가 차지할 판이었어.

힘이 약해진 발해는 거란에 조공을 바치며 숨죽이고 있었는데 거란족이 발해의 상경성으로 쳐들어왔어. 발해왕은 주변의 나라들에게 SOS를 쳤지만 요나라가 워낙 강해서 아무 소용이 없었다나 봐. 그래서 결국 926년 발해의 왕은 무릎을 꿇으며 항복해야만 했지. 거란의 왕은 발해의 마지막 왕이 된 대인선을 자신이 타고 있던 말의 이름으로 부르며 모욕을 안겼어. 그리고 상경성을 홀라당 태우고는 백성들은 끌고 가 버렸지. 동모산에 터전을 잡아 동쪽 바다의 융성한 나라로 이름을 날린 지 229년 만에 발해는 사라지고 만 거야.

하지만 거란족이 그 넓은 발해를 정복하기까지는 꽤 오랜 시간이 걸렸단다. 여기저기서 부흥 운동이 끈질기게 일어났거든. 그러나 두 번 다시 발해와 같은 강대국은 일어나지 못했고 남아 있던 백성들은 떠돌다가 고려로 들어오거나 다른 종족에 섞여 버렸어.

광활한 만주벌판을 무대로 세상을 호령하던 발해인들이 사라지면서 그 땅은 오래도록 다른 종족이 차지했고 발해도 서서히 잊혀져 갔지. 그게 못내 아쉬웠던지 조선의 유득공이라는 학자가 『발해고』라는 역사서를 남겼어. 그런데 발해고도 800여 년이나 지나 엮은 역사서이기 때문에 발해에 대한 풍부한 자료를 남기진 못했지.

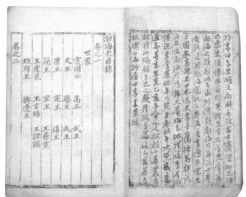

**유득공의 『발해고』**

여러 종족이 섞여 살았던 발해의 땅은 지금은 러시아와 중국의 땅이 되었어. 그래서 이제 발해의 역사는 어느 나라의 역사인지도 분명치 않게 되어 버렸지. 욕심 많은 중국은 자기네 변방의 역사라 우기고 러시아도 그렇게 말하고 있거든. 발해의 왕이 고구려를 이어받은 나라라고 당당히 밝힌 문서가 떡하니 있는데도 말이야……. 하지만 드넓은 땅에 여러 종족과 힘을 모아 거대한 제국을 세웠던 발해의 씩씩한 기상만은 절~대 잊지 말자!

## 1300년 전의 발해 찾기

1998년 1월 14일, 네 명의 젊은이가 '발해 1300호' 뗏목을 타고 동해를 횡단하다 모두 사망했다는 뉴스가 전해졌어. 한겨울에 그것도

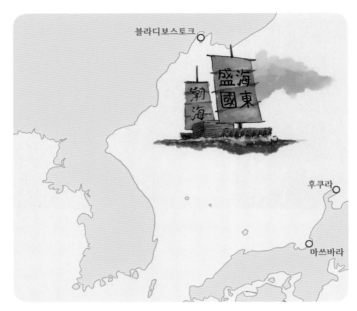

**블라디보스토크에서 떠나는 발해 1300호**

떼목을 타고 동해를 횡단하다니……. 많은 사람들은 의아해하며 무모한 사람들이라고 비난하기도 했지. 도대체 왜 그런 일을 했던 걸까?

장철수, 이덕영. 이영호, 임현규 네 사람은 1998년 발해가 세워진 지 1300년이 되는 해에 발해를 기념하고 싶었대. 그래서 집을 팔아 물푸레나무로 떼목 하나를 만들었지. 1300년 전 발해가 항해했던 방식 그대로 동해를 건너 발해를 증명하고 싶었던 거야. 버젓이 229년이나 이어졌던 우리의 역사인데도 강대국들이 억지를 부려 초라한 변방의 역사로 떨어진 것이 안타까웠거든. 게다가 독도와 울릉도를 거쳐 가면서 동해가 누구의 바다인가도 보여 주고 싶었대. 1300년 전에는 동해가 외교와 교역의 바다였던 것을 일깨워 독도를 둘러싼 일본과의 싸움도 멈추길 바랐지.

그래서 1997년 12월 31일 한겨울 러시아의 블라디보스토크에서 '발해1300호'를 띄웠어. 블라디보스토크는 옛 발해 땅으로 일본으로 가는 배를 띄우던 곳이거든. 20평 크기의 자그마한 뗏목에 몸을 실은 발해 후예들의 투지는 정말 눈부셨어! 25일간이나 정신을 잃을 정도로 차가운 바람과 파도 속에서 얼음보다 차가운 음식을 삼켰지만 서로를 격려하며 의연하게 버텼으니까. 마침내 목표했던 곳에 닿아 뜻을 이룰 것 같았는데 그만 눈발과 함께 몰아친 강한 북서풍에 바닷속으로 사라지고 말았어…….

그러나 '발해 1300호'는 발해라는 이름조차 낯설었던 사람들에게 발해에 대한 관심을 가지게 해 주었지. 그리고 동해가 오래전부터 평화의 바다였다는 것도 일깨웠어. 네 사람의 죽음은 결코 헛되지 않았던 거야. 이제 통영에 세워진 기념비는 네 사람의 뜻을 전하고 또 전할 테니까!

갑자기 현대까지 오는 바람에 많이 놀랐지? 발해가 너무 허망하게 무너진 것이 안타깝고 길을 잃어버린 것처럼 떠도는 것이 슬퍼서 이야기가 길~어졌어. 이제 우리는 한반도의 남쪽으로 내려가야 돼. 신라의 서라벌까지 단숨에 달릴 거니까 내 등에 딱 붙어 있어야 된다. 자, 출바알~.

발해 1300호 기념비(통영 수산과학관)

# 통일로 이룬 평화 시대

타다닥…… 바둑판처럼 잘 정돈된 거리에 초가집이 한 채도 없는 신라의 수도 서라벌에 다 왔네~. 경주라는 이름은 고려 시대에 붙여진 이름이니까 지금은 서라벌이라고 할게.

676년 한반도는 오랜 전쟁의 수많은 희생으로 평화의 시대가 열렸잖아? 그중에서도 통일을 이룬 신라는 평화 속에서 풍요로운 세상을 열게 됐지. 통일 전보다 세 배나 넓어진 땅에서 들어오는 생산물이 많아졌고 백성들도 늘었기 때문이야.

## 신라를 지키려 용이 되었다는 문무왕

전쟁터에서 반평생을 보낸 문무왕은 전쟁으로 피폐해진 백성들을 다독였어. 무기를 녹여 농기구를 만들고 세금을 가볍게 해 주었지. 나라에서 일이 있을 때마다 백성을 불러 마음껏 부리는 요역도 줄여 주었어. 그래서 신라는 한동안 집집마다 넉넉하고 창고에는 곡식이 산처럼 쌓였대. 감옥에는 풀만 무성해서 그야말로 태평성대가 따로 없었다대? 푸흐흥~~ 이런 즐거운 이야기를 전하려니 나도 콧노래가 절로 나는걸!

삼국통일의 주인공으로 태종무열왕 김춘추와 김유신을 앞세우는데 내가 보기엔 문무왕의 공도 만만치 않은 것 같아. 왜냐하면 백제가 멸망한 이듬해 태종무열왕은 세상을 떠났고, 아들인 문무왕은 왕이 되기 전부터 전장을 누비며 통일 전쟁을 이끌었기 때문이야.

당나라를 몰아내는 18번의 크고 작은 전쟁에서 문무왕이 보인 지략은 참으로 훌륭했어. 때로는 배짱으로, 때로는 설득으로 거대 제국과 맞서서 고비를 넘고 위기를 헤쳐 나가더라고. 게다가 세계사에서도 들어 본 적이 없는 위대한 모습을 보여 줬어. 뭐냐고? 그 모습을 보려면 감포 바닷가로 가야 해. 자, 내 등에 얼른 올라타!

　저기 두 바위 사이의 물속에 문무왕의 무덤이 있단다. 아마도 세계에서 하나밖에 없는 해중릉일 거야. 지배자가 스스로 바닷속에 묻히길 바란 왕은 없었을 테니까. 그렇다면 왜 문무왕은 스스로 바닷속에 묻힌 것일까? 이제 그 이야길 들어 보면 너희들도 문무왕의 남다른 점에 홀딱 반하고 말 거다.

문무대왕릉

통일을 이룬 왕인데다 가장 풍요로운 시대를 맞았으니 아주 호화로운 무덤을 만들 수도 있었는데 문무왕은 이렇게 말했다는 거야.

"영웅도 끝내는 한 무더기 흙더미로 끝날 뿐이야. 호화로운 무덤을 만든들, 꼴 베고 소 먹이는 아이들이 그 위에서 노래하고 여우와 토끼가 굴을 파겠지. 무덤을 화려하게 치장하는 것은 재물을 허비하고 비난만 받을 일인 게야. 공연히 백성들을 수고롭게 할 뿐, 죽은 혼령이 좋은 곳에 가는 것도 아니지. 그러니 장례를 검소하게 치르고 화장해서 동해 바다에 묻어 주길 바라네. 내 죽어서도 용이 되어 동해를 건너는 왜놈들을 막아야겠네."

검소한 장례를 치르게 한 것도 우러러볼 일인데 죽어서도 나라를 지키겠다는 마음은 감히 누구도 흉내 낼 수 없는 일이었지. 내가 왜 문무왕이 위대하다고 하는지 이해 되지? 그래서 문무왕을 문무대왕이라 하고 해중릉을 대왕릉이라고 한단다.

### 신문왕과 만파식적

이 마음에 보답이라도 하듯 아들인 신문왕은 바닷가 앞에 감은사를 지었어. 아버지의 은혜에 감사하기 위해 지은 절이라는 뜻이지. 그리고 용이 된 문무왕이 드나들 수 있는 물길도 만들었어. 진짜 용이 드나들었냐고? 그야 모르지. 그러나 눈에 보이는 것만 믿던 세상은 아니었으니까 신기한 일이 일어났을지도 모르잖아? 지금은 절터와 두 개의 탑만 덩그러니 있지만 물길의 흔적도 남아 있으니 빨리 뛰어가서 보고 오렴.

이게 용이 드나들던
물길이래.

감은사 탑과 터

신문왕도 문무왕만큼이나 나라 걱정을 했던가 봐.
아주 기발한 상상력이 빚어낸 이야기가 하나 있거
든. 세상의 온갖 위험으로부터 지켜 주는 **만파식적**
이라는 피리가 있었는데 외적
이 쳐들어왔을 때 이 피리를 불
면 적들이 저절로 뒷걸음쳐 물
러갔다나? 가물 때는 단비를 내
려 주고 장마 지면 비를 그치게
도 해 줬대. 질병이 돌면 병을
낫게 하고 풍랑을 만나도 바다
를 잠재울 수 있었다나? 만능

**만파식적**
큰 파도를 잠재우는 피리라는 뜻
이지.

요술피리였던 거지. 이 신기한 이야기를 들으면 백성들의 온갖 근심 걱정을 덜어 주고 싶었던 왕의 마음이 바로 만파식적이 아니었을까 하는 생각이 들어서 흐뭇해지더라.

### 국제적인 신라인

성덕왕 때부터 당나라와는 다시 사이가 좋아졌어. 발해가 강대국이 되어가니 당나라와 신라는 다시 동맹 관계를 맺을 수밖에 없었지. 덕분에 대동강과 원산만까지 신라 땅이라는 인정도 받았으니 신라로서는 이득이었던 셈이야.

신라인이 세운 절이야.

법화원

당항성

당

신라인들이 모여 사는 마을인 신라방에는 신라소라는 관청도 있었어.

당나라의 국제적인 문물을 익히기 위해 신라에서도 많은 사람들이 당나라로 갔어. 사신과 유학생 그리고 승려들과 일반 백성들까지 건너갔지. 수도인 장안은 페르시아, 아라비아, 인도, 중앙아시아인들이 모여드는 세계적인 도시로 누구든 동경하는 곳이었으니까. 그곳에서 신라 사람들의 활약은 대단했어. 신라의 유학생들은 외국 학생들을 위한 특별 과거 시험인 빈공과를 휩쓸었지. 합격자 대부분이 신라인이었다니 정말 대단하지 않아?

그리고 한반도를 바라보는 산둥반도에 신라인들이 모여 사는 마을인 신라방을 만들어 무역도 아주 크게 했어. 장사의 신이라는 아라비아 상인들과 견주어도 국제 무역에서 밀리지 않았다나 봐. 그래서 신라인들을 위한 관청인 신라소도 따로 만들어지고 법화원이라는 절도 만들어졌지. 당나라에 버젓한 신라타운이 있었던 거야. 신라의 유학생이나 승려들은 이곳의 도움을 받으며 공부할 수 있었대.

아라비아나 페르시아의 서역 상인들은 신라까지 들어와 무역

움푹 들어간 눈, 높은 코, 큰 키에 우람한 체격을 가진 서역인이야.

괘릉 무인상 　　　　 처용 가면

을 하다가 풍요롭고 아름다운 곳이라며 아예 눌러 살기도 했지. 눈이 부리부리하고 큼지막한 코를 한 처용 가면을 본 적이 있니? 그 처용이 서역인이라는 이야기가 있어. 원성왕의 무덤인 괘릉에 서 있는 무인상도 영락없는 서역인으로 보이지. 그 사람들이 서라벌에 들어와서 살았을 뿐만 아니라 신라에 대해 아주 살기 좋은 곳이라는 기록을 남기기도 했대.

신라가 이토록 강성해지자 사이가 좋지 않았던 일본과도 화해를 하고 문화를 전해 주었어. 신라는 통일을 이룬 후 평화의 시대를 열었을 뿐만 아니라 화려하고 국제적인 문화를 이루며 세상에 이름을 날렸단다. 푸흐흥~.


## 흔들리는 신라

태평성대가 오~래가면 좀 좋아? 그런데 평화의 시대가 100년도 못 가 신라는 흔들리기 시작했어. 외적이 쳐들어왔느냐고? 아니, 외적보다 더 무서운 분열이 왕실에서 일어났어. 서로 왕이 되겠다고 전쟁도 마다하지 않았거든. 150여 년 동안 20명이나 되는 왕들이 있었다는 건 권력 다툼이 아주 심했다는 걸 보여 주는 거야. 몇 년에 한 번씩 왕이 바뀌며 피바람이 일었던 거지.

## 혼란의 시대를 맞은 혜공왕

신라가 흔들리기 시작했다는 걸 암시하는 이야기가 있는데 들어 볼 테야?

경덕왕 때 이야기야. 경덕왕에게는 대를 이을 아들이 없었어. 그래서 친하게 지내는 표훈 대사에게 부탁을 하나 했지. 표훈 대사는 하늘을 오가는 재주가 있었거든. 그래서 옥황상제에게 아들 하나 얻게 해달라는 부탁을 드려 달라고 했어. 표훈 대사는 하늘로 올라가 그 뜻을 전했지. 그러자 옥황상제는 경덕왕에게는 아들 낳을 운이 없으니 딸로 만족하라고 했대. 그 소리를 전해 들은 경덕왕은 이번엔 딸을 아들로 바꿔 줄 수 없느냐는 부탁을 또 했단다. 대를 이을 아들이 없다는 건 아주 심각한 문제였으니까. 왕의 절절한 부탁에 표훈 대사는 부지런히 다시 하늘로 올라가 청을 넣었지. 그러자 옥황상제가 딸을 아들로 바꿔 줄 수는 있으나 나라가 혼란해질 것이라고 경고했대. 그리고 자꾸 인간 세상의 부탁을 하러 오는 표훈 대사에게 불 같이 화를 내며 하늘 출입 금지령을 내렸다나 봐.

얼마 후 아이가 태어났는데 원하던 대로 아들이 태어났어. 그런데 이 왕자가 공주처럼 인형만 가지고 놀고 여장하는 것을 더 좋아했다지 뭐야? 결국 나약하고 못난 왕이 되어 백성을 돌보기보다는 노는 일에 더 빠져들었더란다. 재난은 끊이질 않고 반역자들도 날뛰어 백성들은 의지할 곳이 없었지. 마침내 왕은 반란 세력에게 살해당하고 말았어.

이 왕이 혜공왕인데 이때부터 신라가 혼란기로 접어들었다더라.

으흠, 어쩐지 표훈 대사의 이야기에는 깊은 뜻이 숨어 있는 거 같아. 딸을 아들로 바꿨다니 이건 자연의 이치를 거슬렀단 뜻 아니겠어? 자연의 이치를 거스르고 태어났으니 왕 노릇도 제대로 할 수 없었을 테지. 그리고 표훈 대사가 하늘 길을 오가며 심부름을 했다는 것은 하늘의 뜻을 읽을 수 있었다는 이야기지. 그런데 그마저 금지당했다는 건 하늘의 뜻을 알 수 없을 정도로 신라가 혼란에 빠졌다는 거 아닐까? 와~ 그저 그런 이야기인 줄 알았는데 시대 상황을 곰곰이 짚어 보게 하는 아주 의미심장한 이야기였네.

## 인재도 버리는 골품제

왕위 다툼으로 백성들의 고달픈 사정을 돌보지 않았던 신라는 점점 몰락의 길로 들어섰어. 선덕, 진덕에 이어 신라 말기에 세 번째 여왕이 된 진성여왕 때는 신라 곳곳에서 호족들이 왕처럼 행세해서 세금조차 걷을 수 없었지. 당나라에서 돌아온 최치원은 나라를 구할 계책을 올려 어려움을 극복하려 했지만 6두품이라는 신분 때문에 실행에 옮길 수가 없었어. 6두품은 아주 높은 귀족이 아니어서 중요한 정책을 펼칠 수 있는 관리가 될 수 없었거든. 나라가 큰 위기에 처했는데도 골품이라는 신분 제도 때문에 인재를 활용할 수 없었던 거야.

도대체 골품 제도가 뭐길래 인재마저 내쳤던 걸까, 궁금들 하지? 골품 제도는 신라, 그것도 서라벌 사람들만이 누렸던 독특한 신분 제도야. 타고난 신분이 평~생 아니, 죽어서도 유지되는 제도였지. 성골, 진골 그리고 6두품에서 1두품까지 권력의 크기에 따라 신분을 나누었어. 부모가 다 왕족이면 성골이었는데 이들은 신라의 가장 높은 신분으로, 권력과 재산을 마음껏 누렸지만 그 수가 아주 적었지. 진덕 여왕을 마지막으로 성골은 사라졌으니까. 그래서 부모 중에 한 쪽이 왕족이었던 진골 출신 김춘추가 왕이 되었고 그 이후로 신라는 진골들의 세상이 되었어. 이 진골들이 왕의 자리를 놓고 권력 다툼을 벌여 혼란해진 거야.

그다음이 6두품이었는데 이들도 귀한 신분이었지만 능력이 있어도 높은 관직에는 오를 수 없어서 당나라로 유학을 많이 갔어. 그곳에서 그들은 빈공과에 합격하여 이름을 날렸지만 골품제가 엄격한 신라에서는 빛을 볼 수 없었지. 당나라에서 실력을 인정받은 최치원도 예외는 아니었어. 혼란스런 신라에 도움이 되겠다는 꿈을 안고 돌아온 최치원은 골품제 때문에 그 뛰어난 재주를 펼치지 못하고 산과 들이나 헤매야 했단다.

법흥왕 때 만들어진 골품 제도는 처음엔 서라벌 사람들을 한 가족으로 똘똘 뭉치게 하는 역할을 했어. 하지만 특권의 단맛에 취한 진골들은 골품 제도를 점점 더 까다롭고 단단하게 만들어 갔지. 저희들끼리만 통일 후의 풍요로움을 누리고 싶었던 거야.

골품에 따라 집의 크기, 쓸 수 있는 옷감, 탈 수 있는 말의 숫자까지 정해 주었어. 심지어 밥그릇, 숟가락의 종류까지 정해 주었다니 놀랄 일이지? 확인하고 싶으면 『삼국사기』를 꼼꼼하게 읽어 보렴. 읽다가 어이없어 뒤로 '꽈당' 해도 나는 모른다~

서라벌의 진골 귀족들이 누리는 사치는 입이 쩍 벌어질 정도였어. 곳곳에 별장을 지어 계절마다 돌아가며 살았는데, 집에는 금칠을 해서 해가 비치면 번쩍번쩍했다는구나. 그걸 자랑하느라 연료는 숯만

이쯤은 돼야 진골이라 할 수 있지!

써야 했다나? 숯은 그을음이 생기지 않기 때문에 금칠을 한 집안을 망가뜨리지 않거든. 하지만 숯은 나무를 태워 만든 것이라 가격도 비싸고 여러 사람들이 수고를 해야 얻을 수 있는 귀한 연료였지. 에구~ 백성들은 땔감도 모자라 걱정이었을 텐데, 쯧쯧…… 게다가 부리는 노비가 3000명에 이르고 짐승들을 섬에 풀어놓고 기르다 사냥해서 먹었다니 진골 귀족들은 신라판 만수르였나 봐.


## 천년 왕국 신라의 최후

기원전 57년 신라는 한반도 후미진 곳에서 작게 일어났으나 공기 좋고 풍요로워 살기 좋은 곳으로 서역까지 소문이 났지. 그러나 10세기가 되자 천년 왕국도 걷잡을 수 없이 무너졌어. 신라 조정이 무능해지면서 곳곳에서 호족들이 일어나 왕처럼 행세하더니 급기야 나라를 세우기 시작했거든.

신라 변방의 장수였던 견훤은 옛 백제 땅에 후백제를 세웠어. 신라의 버려진 왕자 궁예는 옛 고구려 땅에 후고구려를 세웠지. 나라가 이 모양이니 무거운 세금과 가혹한 **수탈**에 지친 백성들은 정든 고향을 떠나 떠돌게 되었어. 더러는 도적떼가 되어 **초적**으로 불리며 관청이나 절을 습격하기도 했지. 그곳엔 재물이 넘쳐 났으니까.

**수탈**
강제로 빼앗는 거야.

**초적**
구석진 시골 땅에서 일어난 도적이란 뜻으로 농민 반란군을 그렇게 불렀어.

**해인사**
경상도 가야산 자락에 있는 큰 절로 고려 때 만든 팔만대장경이 모셔져 있지.

유명한 절이었던 해인사도 초적의 습격을 받아 절을 지키던 승려들이 50여 명이나 죽었지. 그때의 일이 해인사 길상탑지에 생생히 적혀 있어. 길상탑은 절을 지키다 죽은 승려들을 위로하기 위해 지은 삼층탑인데 그 속에 최치원이 벽돌판에 쓴 위로의 글이 길상탑지란다. 그 글 속엔 당시의 상황이 얼마나 심각하고 백성들의 고통이 얼마나 컸는지 그대로 드러나 읽는 사람의 마음을 어둡게 만들지.

전국에서 도적들이 벌떼처럼 들고일어나 나라는 전쟁터가 되었고 굶거나 전란으로 죽은 백성들의 해골이 들판에 별처럼 흩어져 있다

나라가 어지러우니 백성들의 죽음이 별처럼 널렸구나!

**해인사 길상탑과 길상탑지**

고 했어. 사람들은 사나운 맹수가 되어 해야 할 일과 하지 말아야 할 일을 잊었다고도 했지. 순박한 백성들이 이성을 잃을 만큼 대혼란의 시대였단 뜻이야.

누가 나무아미타불을 외며 극락에 가길 바란 백성들을 해인사를 습격하는 초적으로 만든 걸까? 불교의 나라에서 상상할 수도 없는 일이 벌어지게 된 것은 도대체 누구 탓일까? 해인사를 죽음으로 지킨 승려들은 한 사람, 한 사람 벽돌 판에 이름이 올려지고 많은 사람들이 극락왕생을 빌어 주었어. 하지만 굶주림과 전란으로 들판을 뒹굴게 된 백성은 누가 위로해 주었을까? 오직 최치원의 글 속에 딱한 모습으로 남아 있을 뿐이란다.

혼란을 거듭하던 신라는 견훤과 궁예의 공격을 견디기 어려웠어. 나라의 힘이 바닥이 났거든. 그런데 후고구려의 궁예가 왕건에게 죽임을 당하는 사건이 벌어졌어. 신라에게 적대적이었던 궁예와는 달리 왕건은 신라에게 호의적이었지. 견훤의 공격을 받으면 신라를 돕기 위해 달려와 주었으니까. 그래서 팽팽하게 맞섰던 세 나라의 균형이 깨지기 시작했어. 어쩐지 신라와 왕건이 세운 고려가 가까워질 거 같지 않니? 진짜, 그런 일이 일어났어!

백제를 이었다고 생각한 견훤이 신라를 공격해서 무지막지한 만행을 저질렀거든. 그러자 신라 왕실과 백성들은 견훤을 몹시 두려워했지. 이 일로 민심을 잃은 견훤이 왕건에게 밀리기 시작하자 신라의 경순왕은 하늘의 뜻이 왕건에게 있다고 생각했어. 그래서 왕건을 신라로 초대해서 그의 인품을 살폈는데, 부하들이 신라에게 해를 끼치

노을지는 월지

지 못하도록 하는 것을 보고 항복하기로 마음먹었다더라. 그렇게 단 한차례의 싸움도 없이 신라는 제 스스로 역사의 문을 닫고 말았어.

태자가 울며불며 말려도 소용없었지. 절망한 태자는 금강산으로 들어가 평생 베옷을 걸치고 나물을 캐 먹으며 살았대. 그래서 마의 태자라고 한다던걸? 경순왕은 문무백관을 이끌고 아름다운 수레에 보물을 가득 싣고는 개경으로 가서 항복했어. 아름다운 서라벌은 기쁘게 얻은 땅이라는 뜻의 경주라는 이름을 얻었을 뿐 두 번 다시 수도가 되는 일은 없었지. 위대한 문화유산을 간직한 천년의 도읍지로

만 남았을 뿐이야.

애들아! 우리, 노을이 지는 월지의 풍경을 보며 신라의 최후를 떠올려 보지 않을래? 이제 월지는 기러기와 오리나 노니는 연못이라는 뜻의 안압지로 불리게 될 거야……

또가닥, 또가닥, 또가닥……

신라는 나라를 9개의 주로 나누고 작은 도읍지를 5개나 두었던 화려한 나라였는데……

신라 9주 5소경

토론 주제 : 경순왕이 싸우지도 않고 항복한 것은 잘한 일일까?

토론자 : 그렁군 과 딴지양 , 경순왕 , 마의 태자

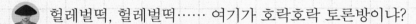

헐레벌떡, 헐레벌떡…… 여기가 호락호락 토론방이냐?

네, 그런데 누구세요?

야, 딴지양! 척 보면 모르겠어? 베옷 입었잖아, 베옷!

마, 마의 태자? 난 무슨 거렁뱅이인 줄…….

내 행색이 좀 그렇다만 이래 봬도 천년 왕국 신라의 태자였느니라. 우리 아바마마인 경순왕이 싸우시지도 않고 고려에게 항복한 것이 잘한 일인지 묻고 따진다기에 금강산에서 한 걸음에 달려왔느니라. 아바마마는 어디 계시느냐?

태자야, 왔느냐? 행색이 말이 아니구나…….

아바마마는 그간 평안하셨다 들었습니다. 왕건에게 서라벌을 **식읍**으로 받아 풍요롭고 편안하게 사셨다면서

**식읍**
국가에 공을 세운 사람에게 주는 땅인데 세금을 걷을 수 있는 권리를 주었대.

요? 저야 풀뿌리나 캐어 먹고 살았으니 이 꼴입니다만.

세월이 그리 흘렀는데도 쓸데없는 반항심은 여전하구나. 쯧쯧……

쓸데없는 반항심이라니요, 아바마마! 아바마마가 고분고분 항복한 뒤로 신라의 서라벌이 어찌 되었는지는 아십니까? 그 아름답던 서라벌은 황량하고 초라해졌고 화려하던 월성의 월지 또한 오리와 기러기나 나는 연못이 되고 말았, 어흐흐흑……

저, 마의 태자 님, 진정하세요. 하고 싶은 말이 많아서 오셨을 텐데, 이렇게 흥분하시면 안 되잖아요.

그렇지! 내가 935년에는 통곡하느라 하고 싶은 말을 다 못했다만 오늘은 그동안 쌓인 것을 다 풀어야겠다.

경순왕이 항복한 게 그렇게 억울하세요?

억울하기만 하겠느냐? 부끄러워 얼굴을 들 수가 없구나. 우리 역사에서 어느 나라가 싸움 한 번 없이 나라를 그대로 갖다 바치더냐? 그것도 천년이나 번성했던 나라를!

그러게요!

아바마마가 군신 회의를 열어 고려 왕건에게 항복하는 것이 옳은 것인지 물으셨을 때 많은 신하들이 반대를 하였다. 나도 나라의 운명은 하늘의 뜻이니 죽을힘을 다해 싸우는 것이 옳다고 말씀드렸다. 천년의 사직을 하루아침에 남에게 내줄 수는 없다고 울부짖었지만 아바마마는 기어코 항복을 하시더구나……

**섶**
곡식을 털어내고 남은
지푸라기라 불에 잘 타지.

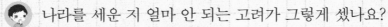 태자야, 나인들 그런 부끄러운 결정을 하고 싶었겠느냐? 대세는 이미 고려로 기울어 어찌할 수 없는 상황 아니었더냐? 이미 기울 대로 기운 나라가 새로운 강국, 고려와 싸우는 것은 섶을 지고 불구덩이로 들어가는 것과 같은 거라는 걸 왜 몰라! 제 처지도 모르고 전쟁을 일으켰다면 죄 없는 백성들만 죽었을 게야. 오랜 세월, 굶주림에 지친 백성들에게 그건 너무 가혹하지 않느냐?

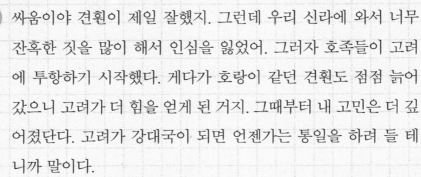 나라를 세운 지 얼마 안 되는 고려가 그렇게 셌나요?

싸움이야 견훤이 제일 잘했지. 그런데 우리 신라에 와서 너무 잔혹한 짓을 많이 해서 인심을 잃었어. 그러자 호족들이 고려에 투항하기 시작했다. 게다가 호랑이 같던 견훤도 점점 늙어 갔으니 고려가 더 힘을 얻게 된 거지. 그때부터 내 고민은 더 깊어졌단다. 고려가 강대국이 되면 언젠가는 통일을 하려 들 테니까 말이다.

그럼, 고려가 강대국이 될 거 같다는 생각이 들자마자 항복하신 거예요?

어허, 무엄하다. 망한 나라의 왕이라고 함부로 말하다니, 우리 아바마마를 무시하는 것이냐?

네에? 아, 아니에요. 언제 항복하셨는지 그게 궁금해서요. 무엄을 용서하세요.

크크큭……. 태자 님, 무례했다면 용서하세요. 저희가 높으신 분들한테는 어떻게 말씀드려야 하는지 잘 몰라서 그랬습니다.

태자야, 내 편을 들어줘서 고맙다만 살살 하거라. 어린아이들 아니냐?

딴지양, 바로 나라를 양보한 건 아니란다. 우선 왕건의 인품이 어떤지 보고 싶었지. 그래서 신라로 초대했단다. 월지에서 마음을 다해 대접을 하면서 우리 신라가 얼마나 어려움에 처했는지 솔직하게 털어놓았다. 그 이야길 하려니 저절로 눈물이 나더구나. 그 자리에 있던 사람들은 모두 목 놓아 울었지. 왕건도 울면서 우리를 위로해 주는데…….

아바마마, 그게 바로 악어의 눈물입니다. 강자가 약자의 마음을 이해하는 척하는 거짓으로 눈물을 흘리는 거지요. 왕건은 속으로는 좋아서 웃었을 겁니다!

어허, 태자! 왕건은 병사를 데리고 수십 일을 머물렀는데도 우리에게 털끝만한 피해도 입히지 않았잖느냐? 그래서 우리 백성들도 부모님을 만난 듯하다며 칭찬을 아끼지 않은 걸 잊은 모양이구나.

아바마마, 그럼 그때 이미 왕건에게 항복할 마음을 굳히셨던 겁니까? 제가 신라를 거저먹으려는 왕건은 견훤보다 나쁜 놈이라 하지 않았습니까? 그런 자에게 눈물을 보이시다니……. 왕건은 위로하는 척하면서 우리 사정을 꿰뚫어 본 겁니다. 아바마마는 속으신 겁니다.

그럼, 고려를 상대할 힘이 있는 것처럼 허세라도 부려야 했단 말이냐? 그 허세가 신라를 살렸을 거 같으냐?

허세가 아니옵니다. 천년 왕국에 왜 충신과 장수가 없었겠사옵니까? 죽기로 싸우겠다는 마음만 먹었다면 허망하게 나라가 망하는 일은 없었사옵니다. 싸움에서 절대 물러서지 않는 화랑 정신으로 통일을 일궈 낸 신라가 아닙니까?

허어, 화랑 정신? 혜공왕 때부터 왕위 다툼으로 나라의 힘이 바닥을 친 지 오래였는데 무슨 화랑 정신이 남았느냐? 네가 충신과 장수라 하는 자들도 여차하면 도망가고 투항하기 일쑤였는데!

삼국을 통일한 신라가 도대체 왜 그렇게 된 것입니까?

문무대왕이 통일을 이뤘을 때는 참 강건한 나라였단다. 그러나 골품 제도가 문제였지. 성골이 아닌 진골들도 왕이 될 수 있으니까 서로 왕이 되겠다고 전쟁을 벌여 나라 꼴이 말이 아니게 된 거다. 그런데도 진골들만 신라의 온갖 특혜를 누리고 사치

문무대왕릉

와 향락은 도를 넘었지. 신라는 부모만 잘 만나면 다 되는 세상이라 능력 있는 사람들은 아예 당나라로 가거나 최치원처럼 세상을 버렸으니…….

아바마마도 신라를 버리셨잖습니까?

태자, 참으로 깐족대는구나. 너는 도대체 나라가 누구를 위해 있다고 생각하느냐? 왕과 귀족을 위한 것이 나라라고 생각하느냐? 백성을 위한 것이 나라라는 공자의 말을 잊었더냐? 이름만 남은 나라를 지키는 것보다 백성의 생명과 재산을 지키는 것이 훨씬 훌륭한 일이다.

저, 경순왕 님! 신라를 지킬 방법이 정말 없었나요?

견훤이 왕위를 잘못 물려줬다가 아들들에게 쫓겨나자 왕건에게 투항하지 않았느냐? 세 나라가 버티고 있을 땐 나도 어떻게든 신라를 살려 보려 애를 썼다. 그러나 견훤마저 항복했으니 그다음은 누구겠느냐? 나라를 양보하는 것이 더 늦었다간 백성들의 목숨이 위태롭겠다는 생각이 들더구나.

그렇게 힘이 셌던 견훤도 어이없이 무너졌는데 만약 고려에도 내분이 일어나면 그렇게 될 수 있는 거 아닙니까? 내분이 일어나게 간자도 보내고 우리가 한마음으로 똘똘 뭉쳐 싸웠다면 고려를 막아 낼 수도 있었습니다. 아바마마가 나약하신 모습을 보이니까 싸우겠다는 의지도 무너진 겁니다. 아바마마는 왕의 자격도 없는 분입니다!

그렇군, 마의 태자가 너무 무서워! 좀 말려 봐.

🧒 마의 태자가 단단히 벼르고 온 모양이야. 말린다고 되겠냐? 그러다 또 무엄하다! 이러면 어떡해?

👑 어린아이들이 겁을 먹지 않느냐? 태자, 언성을 낮추어라. 못난 왕이라고 무시하는 것이냐? 너야말로 무엄하다.

👤 아바마마, 용서하시옵소서. 그러나 저는 아바마마가 지금쯤은 항복하신 걸 후회하시리라 생각했습니다. 이토록 변함이 없으실 줄은 몰랐습니다. 그러나 항복을 반대한 신라 사람들은 힘을 모아 끝까지 싸웠습니다. 거의 200년이나 말입니다!

🧒 어? 그냥 금강산에 들어가 풀뿌리를 캐어 먹고 살았, 아니 사셨다던데요?

👤 흥, 치사한 고려인들! 강원도 인제에 가 보거라. 그곳에 가면 우리가 고려에 대항해서 싸운 흔적이 곳곳에 남아 있단다. 고려

마의 태자가 쌈았다는 산성이야.

마의 태자가 임금의 도장인 옥새를 숨긴 바위래.

한계산성(인제)                    옥새 바위

가 우리의 역사를 기록하지 않은 거지. 역사는 승자가 기록하는 것이다. 그래서 패자는 이토록 서러움을 당한다는 걸 너희들도 똑똑히 기억해 두어라!

그런데요, 경순왕이 고려에 항복하러 가실 때 백성들이 담처럼 늘어서서 구경했다고 그러던데요? 그래서 나라가 망해도 전쟁은 일어나지 않았으니까 백성들은 오히려 좋아했나 보다 생각했어요.

바로 그거다! 백성들도 신라가 이미 기울 대로 기운 마당에 고려와의 전쟁은 미친 짓이라고 생각한 것이다. 나라가 또 쪼개져 싸우느니 고려라는 나라로 다시 합쳐지는 것이 낫다는 지혜로운 생각을 한 거지.

아바마마의 굴욕적인 항복 행렬을 그럴듯하게 꾸며서 말씀하시는 겁니까? 아름다운 수레에 바리바리 실은 금은보화, 화려하게 장식한 말을 타고 문무백관이 늘어선 길이 30리였으니 백성들에게 이만한 볼거리가 또 있었겠습니까? 생전 보도 못한 항복이라 어이없었을 것입니다.

어허, 같은 것을 보고도 이리 다르게 생각하다니 내가 어이가 없구나.

여우 같은 왕건에게 진평왕의 신성한 옥대를 두 손으로 바치셨다지요? 게다가 왕건의 딸과 다시 혼인까지 하셨더군요. 태자 다음의 높은 벼슬에다 개경의 호화로운 궁도 받으시고요. 이러니 저 한 몸 편히 살자고 신라를 넘겼다는 소리를 듣는 겁니다!

평화롭게 다시 삼국이 통합됐으니 왕건이 좀 좋았겠느냐? 그러니 후한 대접을 해 준 것이지. 그게 그렇게 못마땅하더냐?

우리 부흥군은 변변한 지원도 없이 목숨을 걸고 싸웠으니까요!

그래, 200년이나 싸웠다는 그 부흥군은 무엇을 얻었더냐? 신라를 다시 찾았더냐, 역사에 길이 남을 이름이라도 남겼더냐? 괜한 희생만 있었던 거지.

아바마마는 천년의 사직을 굴욕으로 끝내는 모습을 남기셨지만 우리 부흥군은 끝까지 항거했다는 아름다운 모습을 남겼습니다. 한 나라가 멸망하더라도 끝까지 저항했다는 기록은 있어야 하는 거 아닙니까?

태자! 너와 나는 영~원한 평행선일 것 같구나. 세월이 그렇게 흘렀는데도 하나도 변하지 않다니 그 고집 하나는 알아줘야겠다. 그래서 백성들이 네 이야기만 나오면 기특하면서도 가엾다고들 하는구나.

아바마마가 못난 겁쟁이라는 사람들도 있지만 백성들을 진정으로 사랑한 왕이라는 사람들도 있사옵니다. 오다가 백성들이 아바마마를 기리는 사당을 보고 왔습니다. 저도 아바마마가 자애로운 분이라는 건 인정합니다. 다만 용기가 좀…….

그만, 그만! 태자야, 이제 그만 하자꾸나. 우리 이야긴 결코 끝이 날 거 같지 않아……. 우리 부자, 오랜만에 밥 한 끼 먹자꾸나. 이리 오너라, 태자! 풀뿌리만 먹어서 뼈만 남은 게 마음 아프구나.

아바마마. 오다 보니까 치킨 집이 제일 많았사옵니다. 소자, 후
라이드 반 양념 반으로 할까 하옵니다!

푸후훙~. 두 분 맛난 거 드시면서 마음 푸시옵소서.

껄껄껄. 아무렴, 그래야지. 너희들도 잘들 있거라~.

## 내가 경순왕이었다면……

경순왕은 너무 쉽게 고려에게 나라를 내주었다. 나라가 이미 기울 대로 기울어 어쩔 수 없었다는 건 비겁한 변명이다. 다시 힘을 키우려는 노력은 하지 않았기 때문이다. 왕건에게 도움이나 요청하고 눈물까지 흘리다니……. 임금답기는커녕 남자답지도 못하다.

아빠가 남자라면 가정을 지킬 줄 알아야 한다고 그랬다. 보통 사람도 가정을 지키려고 하는데 왕이 나라를 못 지키고 항복을 하다니 진짜 못난 왕이다.

6두품
주제에 어딜?

나라를 구할 계책이
있어도 쓰이질
못하는구나, 어흐흑.

내가 경순왕이었다면 제일 먼저 골품 제도를 고칠 거다. 최치원 같은 6두품도 재상으로 등용해서 나라의 문제를 해결할 거다. 그리고 진골들이 사치와 향락으로 나라 재산을 없애면 큰 벌을 내리고 백성들이 굶으면 나라의 창고를 열어 살릴 거다. 그러면 기운을 차린 백성들이 나라를 위해 싸우지 않았을까?

왕건에게 구차하게 신라를 도와달라고 할 것이 아니라 스스로 힘을 키우려고 노력하는 게 옳았다.

**댓글 4개**

댓글을 입력해 주세요.   **등록**

✓ **인기순** 최신순

그렇군, 멋지다. 너를 신라의 왕으로 인정할게.

그게 쉬웠겠냐고요! 다 썩어 빠진 나라를 개혁한다는 건 나라를 다시 세우는 것보다 어렵다던데? 그러나 생각은 기특하다.

그래, 다 망해 가는 신라를 다시 살리는 건 어려웠을 거야. 그러나 진짜 그렇군처럼 했다면 경순왕은 역사에 남는 영웅이 됐을걸?

누구 아들인데 이리 똑똑하니? 너네 엄마도 똑똑하시겠다! *^^* 우리 아들 파이팅!

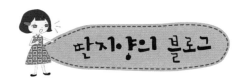

## 경순왕은 멋있는 왕

나는 경순왕이 못난 왕인 줄 알았는데 알고 보니 진짜 멋있는 왕이었다. 천년이나 이어온 나라를 고려에게 단 한 번도 싸우지 않고 홀랑 넘긴 비겁한 왕이라고 떠들었던 걸 사과하고 싶다.

그리고 신라가 약해진 건 경순왕의 잘못도 아니었다. 왕위 다툼이나 하고 백성은 돌보지 않은 다른 왕과 귀족들의 잘못을 경순왕이 뒤집어쓴 거다. 경순왕은 역사에 영원히 항복한 왕으로 기록되어 욕먹을 걸 알면서도 항복했다. 왜냐하면 이기지도 못할 전쟁이 일어나면 백성들만 억울하게 죽게 된다는 걸 알았기 때문이다. 백성의 생명을 자기의 명예보다 소중하게 생각한 왕이 얼마나 있을까? 그래서 경순왕을 사랑한 백성들이 왕의 사당을 지어놓고 제사까지 지냈다고 한다. 백성들은 누가 진짜 훌륭한 왕인지 알았던 것 같다.

나는 백성의 생명을 지키고 평화를 선물한 경순왕이 진짜 위인이라고 생각한다. 그래서 항복한 것이 아니라 나라를 양보한 것이라고 말하고 싶다.

**댓글 4개**

[ 댓글을 입력해 주세요. ]  [ 등록 ]

✓ **인기순** 최신순

😊 제목만 보고 깜짝 놀랐다가 딴지양한테 설득당함!
평화를 더 사랑한 왕, 경순왕.

🙂 듣고 보니 진짜 사나이네. 왕위도, 명예도 버리고 백성의 생명과 재산을
지키다니……. 그런데 이게 다 사실일까? 그냥 싸우다 죽느니 편하게
살려 했던 걸 멋있게 쓴 거 아닐까?

😵 나는 경순왕이 비겁하다는 그렇군 글도 읽었거든?
어느 게 맞는지 솔직히 모르겠다.

🙁 나는 그렇군과 딴지양의 블로그를 보면 더 내 생각을 정하기가 어려워.
이 말도 맞고 저 말도 맞는 거 같거든.

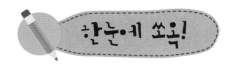

## 남북국 시대에도 국제교류는 활발했어

발해와 통일 신라는 비단길과 바닷길을 통해 교역을 주고받던 세계 무역로의 끝자락에 있었어. 신라를 다녀간 이슬람 상인들은 신라를 꿈의 도시로 부르고, 발해는 동쪽에서 번성한 나라 '해동성국'이라 했지. 비행기도 쾌속선도 없던 시절 상인들이 금성이나 상경을 다녀가고 발해와 통일 신라의 상인들도 당나라 장안뿐 아니라 로마와 이슬람 세계를 돌아 다니며 교역을 했다니 정말 대단하지?

상경성 상상도

서라벌 상상도

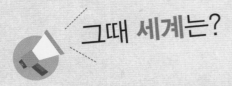

## 그때 세계는?

### 세계 문화를 이끌었던 도시들이야

인구가 늘고 교역이 활발해지면서 시장이 생겼지. 시장이 커지면서 큰 도시들도 생겼어.
이 무렵엔 정치, 경제, 문화가 발달한 아시아에 큰 도시들이 많았단다.

**콘스탄티노플**
동로마 제국(비잔틴 제국)의 수도야.
이곳에선 동서양의 모든 물건들을 볼
수 있었단다. 100만 명이나 되는 사람
들이 살았대.

**바그다드**
장안, 콘스탄티노플과 함께 100만 명
이 넘는 인구가 사는 국제 도시였어.
이곳엔 없는 것이 없었대. 알라딘의
요술 램프도 구할 수 있었을까?

**사마르 칸트**
비단길의 중간에 있어 상인들을 위한
음식점과 머물 곳이 생기면서 무역 도
시로 번성했어. 세계 최초로 종이 만
드는 제지 공장이 이곳에 있었대. 고
선지 덕이었겠지?

## 장안

당나라의 수도로 세계 최대 규모의 계획 도시야. 발해, 신라인뿐 아니라 중앙아시아, 서아시아, 로마인들까지 드나드는 세계의 외교, 경제, 문화의 중심지였단다.

## 상경성

상경성은 발해의 수도로 대단히 크고 아름다웠어. 세계로 가는 무역로가 다 여기에서 시작되었지.

## 나라시

일본은 당나라 장안을 본떠 크고 아름다운 도시를 세웠어. 발해의 상인들이 부지런히 드나들던 곳이지.

## 금성

통일 후 풍요롭고 화려한 도시로 거듭난 곳이야. 바그다드에서 유행하는 물건이 한 달이면 금성에서도 구할 수 있었다대?

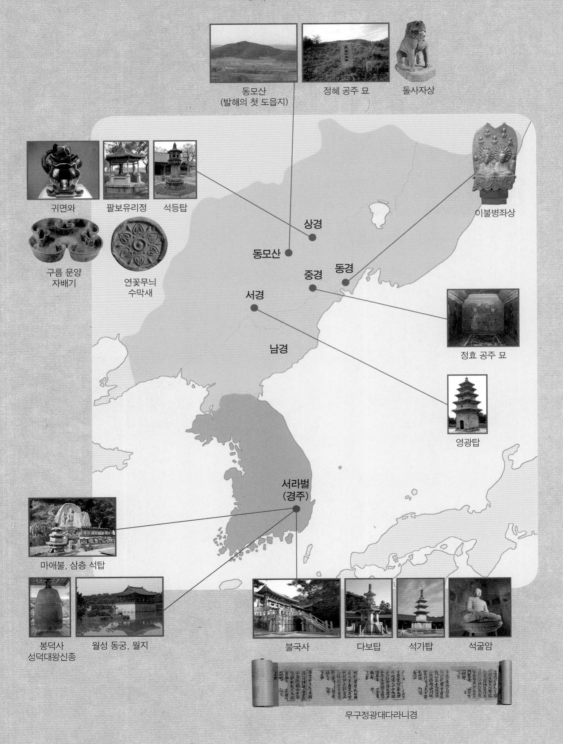

# 서역인의 남북국 시대 문화재 여행 지도

동모산
(발해의 첫 도읍지)

정혜 공주 묘

돌사자상

귀면와

팔보유리정

석등탑

이불병좌상

구름 문양
자배기

연꽃무늬
수막새

상경

동모산

중경 동경

서경

남경

정효 공주 묘

영광탑

서라벌
(경주)

마애불, 삼층 석탑

봉덕사
성덕대왕신종

월성 동궁, 월지

불국사

다보탑

석가탑

석굴암

무구정광대다라니경

# 3장
# 남북국 시대 문화재 보러 가자

허허, 내 모습이 좀 낯설지요?

저는 서역에서 온 소그드인입니다.

장사의 달인들이라 세상 어디든 가지 않는 곳이 없지요.

제가 발해와 신라까지 다녀왔다는 소문이 나서

이야기꾼으로 불려 나왔답니다.

이야기가 좀 서툴더라도 이해해 주시기 바랍니다.

그럼, 책장을 넘기시지요.

# 서역인이 들려주는
# 발해와 신라의 문화재 이야기

**아교**
동물의 가죽과 뼈를 고아서 만든 접착제야.

『호락호락 한국사』를 읽는 친구들, 저는 아라비아, 페르시아, 중앙아시아를 두루두루 다니며 장사를 하는 소그드인입니다. 장사의 달인인 우리를 역사에서는 두루뭉술하게 서역인이라고도 하지요. 우리는 날 때부터 장사가 최고의 꿈인 사람들입니다. 우리 고향에선 아이가 태어나면 사탕을 물리고 손에는 **아교**를 잡게 합니다. 달콤한 말로 장사를 잘하고 들어온 돈은 딱 달라붙기를 바란다는 뜻에서요. 그래서 우리 소그드인은 스무 살만 되면 돈이 되는 곳이라면 어디든 찾아간답니다.

소그드인은 실크로드에서 장사꾼으로 소문났던 사람들이야.

발해와 신라는 매력적인 상품을 많이 가진 나라였습니다. 여러분은 우리 서역인이 아주 먼 곳에 있는 사람들이라 왕래가 없었을 거라 생각했을지 모르지만 우리는 발해도, 신라도 다 돌아다녔지요. 그래서 제가 발해와 신라의 문화재를 소개하게 됐습니다. 잘 못하더라도 이해해주기 바랍니다. 외국 사람이 보는 문화재 이야기도 재미있을 겁니다.

## 고구려를 닮은 발해의 문화재

먼저 북쪽에 있는 발해부터 이야기하겠습니다. 발해는 정말 큰 나라였습니다. 만주에서 연해주까지 이어진 대제국이더군요. 숲이 많아서 엄청 사나운 동물들이 득실거렸는데, 발해인 셋이 호랑이를 잡는 걸 보고 저는 기절하는 줄 알았습니다. 발해인 셋이 모이면 손으로 호랑이를 잡는다더니, 정말이었습니다! 바로 눈앞에서 봤으니까요. 덕분에 훌륭한 호랑이 가죽을 살 수 있었습니다. 발해인은 호랑이를 잡는 것만 잘하는 것이 아니라 가죽 손질도 기가 막히더군요. 저는 서역에서 가져온 아름다운 무늬가 새겨진 옷감을 팔아 담비 가죽을 잔뜩 샀습니다. 발해의 담비 가죽은 중앙아시아에선 꽤 큰 값을 받을 수 있거든요. 그래서 우리의 은화를 기분 좋게 풀었지요. 우리의 은화가 아직 발견이 된다고 하니 그때 제가 값을 치른 은화일지도 모르겠습니다.

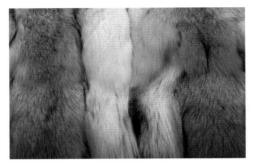

중앙아시아의 담비 가죽과 은화

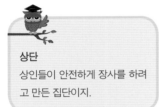

**상단**
상인들이 안전하게 장사를 하려고 만든 집단이지.

호랑이 가죽과 담비 가죽을 고향으로 가는 **상단**에 맡기고 저는 발해를 좀 더 돌아보기로 했습니다. 당나라 주변의 나라들과는 달리 독자 연호를 쓰는 발해가 어떤 나라인지 무척 궁금했거든요. 당나라의 연호를 쓰지 않는다는 것은 당나라만큼이나 강하다는 뜻이라 발해인의 자신감을 직접 확인하고 싶었습니다.

먼저 발해의 다섯 개의 수도 중에서 가장 북쪽에 있는 상경성에 갔다가 깜짝 놀랐습니다. 너른 벌판에 강과 호수가 곳곳에 있었는데 경치가 어찌나 아름답던지 한 폭의 그림을 보는 것 같았습니다. 수십 리에 걸쳐 피어 있는 연꽃이 마치 색깔 고운 비단을 깔아 놓은 것 같더군요.

들판 가운데 자리 잡은 상경성을 보고는 또 한 번 크게 놀랐습니다. 전체 둘레가 16킬로미터가 넘어 그 크기가 어마어마한 데다 바둑판처럼 잘 정돈되어 있었거든요. 널찍한 집들이 빼곡하게 들어서고 수많은 사람들이 오가 활기가 넘쳤는데 길은 또 얼마나 반듯반듯

하고 넓던지 가슴이 다 후련하던걸요. 이 길을 통해서 여러 나라의
물건과 사람이 오고 간다더군요.

　시장에 들어서니 없는 게 없었고 물건을 사고파는 사람들로 북적
였습니다. 이러니 장만재가 쫄딱 망해서 돌아갈 수밖에 없었겠군요.
장만재가 누구냐고요? 그 사람은 당나라의 장사꾼이었습니다. 진기
한 물건을 발해에 가져가면 큰돈을 벌 수 있겠단 생각에서 재산을 털
어 물건을 잔뜩 가져왔는데 정작 발해에 와 보니 없는 게 없더랍니

상경성 상상도

아궁이에 불을 때서 방을 따뜻하게 만드는 온돌은 고구려의 난방 방식인데 옛 발해 지역에도 있었네!

현재 상경성 온돌 유적

러시아 연해주 크라스키노 성터에서 발견된 온돌 유적

다. 장만재의 물건은 흔해 빠진 것이라 쫄딱 망할 수밖에 없었지요. 상경성이 당나라 장안만큼이나 번성했다는 이야기였습니다.

그런데 장안을 닮긴 했으나 검은 빛깔의 현무암으로 지어진 상경성은 더 기품이 있었습니다. 온돌을 놓고 돌을 많이 써서 성을 지은 것이 어딘가 모르게 고구려의 성을 많이 닮았단 생각이 들더군요. 그래서 안내하는 사람에게 물으니 역시나 고구려를 이어받은 나라여서 그렇다는 겁니다. 제 눈도 보통은 아니지요?

상경성의 지붕 위에 귀신을 쫓는다는 귀면와가 놓여 있었는데 특이하게도 녹색의 돌로 만들어져 저는 청자인 줄 알았습니다. 입을 쩌억 벌리고 통방울 같은 눈을 뚜리뚜리 굴리는 모습이 무섭다가보다는 유쾌한 장난꾸러기 같았지요. 지붕을 장식하고 있는 연꽃무늬의 **수막새**는

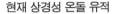

귀면와

발해 수막새

연꽃무늬 벽돌

**수막새**
기와로 지붕을 얹을 때 기왓골 끝
을 막는데 사용하는 둥근 기와야.

도톰한 잎 모양이 씨앗 같기도 하여 앙증맞은 느낌을 주었습니다. 담
이나 바닥을 장식한 벽돌도 연꽃을 하나하나 정성스럽게 조각해 놓
은 것이라 밟고 지나기가 미안할 정도였지요.

　팔각으로 만들어진 멋진 돌우물이 있었는데 이름이 팔보유리정
이었습니다. 돌로 만든 것을 왜 유
리라고 하느냐 물었더니 유리란 보
석처럼 귀하다는 뜻이라더군요. 우
물 하나를 만드는 데도 이렇게 정성
을 쏟았다니 발해인이 새삼 다시 보
이데요.

　그리고 왕족들이 쓰는 구름 모
양의 자배기를 보게 됐는
데 80센티미터가 넘는
커다란 질그릇을 어찌
나 잘 갈았는지 광택

팔보유리정(사진 제공:동북아역사재단)

**구름 문양 자배기**

이 납디다. 위 아래로 구름 모양을 쌍둥이처럼 닮게 만들었는데 구름이 흘러가는 듯한 부드러움이 느껴지더군요. 하늘에 제사를 지내는 큰 행사가 있을 때나 쓰는 그릇일 거란 생각이 들었습니다.

다른 그릇들은 어찌 생겼는가 살펴보다가 아주 재미있는 그릇을 하나 찾았습니다. 아가리는 아주 크고 배는 불뚝해서 양껏 담을 수 있는 모양을 보니 실용적인 고구려의 그릇이 떠올랐지요. 그런데 색깔은 당나라에서 유행하는 당삼채, 그러니까 녹색, 흰색, 붉은색의 세 가지 색깔이 들어갔더라고요? 허허허, 이것 참, 세 나라의 장인이 만든 합작품 같습니다. 고구려의 모양에 당나라 색깔을 입히고 발해가 만든 그릇이더란 말이지요.

**발해의 삼채 그릇**

상경성 안에는 불교를 장려하는 나라답게 절도 많고 불상도 많았습니다. 그중에서 연꽃이 활짝 핀 모습의 석등탑이 눈에 들어왔습니다. 등불을 켤 수 있는 탑은 어느 곳에서도 본 적이 없었거든요. 단단한 현무암으로 만들어 6미터가 넘는 큰 몸집인데도 아주 세련되고 우아해 보였습니다.

이 탑은 여러 개의 돌을 얹어서 만들었는데 하나의 돌로 만든 것처럼 정교했지요. 게다가 등불을 켜는 곳에는 8개의 창문을 내고 바로 그 위엔 16개의 구멍을 더 뚫어 놓았더군요. 나무도 아닌 돌로 어찌 저런 기술을 부렸으며 구멍은 또 왜 저리 많은지 궁금했습니다.

그런데 스님이 긴 막대를 이용해
서 등불을 켜니 마치 보름달이 비
추듯 환해지며 멀리까지 빛이 달려가
더군요. 아하, 그제야 창문과 구멍이 많은 이
유를 알게 됐습니다! 이 석등탑은 발해의 가
장 뛰어난 조각으로 이름을 날리고 있다지요? 그
럴 만합니다.

빛아, 멀리 날아
사람들의 발길을
밝혀다오.

얼마 뒤 중경성의 정효 공주 무덤 앞을 지나게
되었습니다. 정효 공주는 문왕의 넷째 딸인데 젊
었을 때 남편과 아이를 잃고 자신도 36세에 죽었답니
다. 문왕도 슬픔에 겨워 얼마동안 나랏일을 접었을 정
도였다더군요.

정효 공주 무덤은 벽돌로 만들고 벽화가 그
려져 중국과 고구려의 무덤 양식이 섞여 있
답니다. 계단을 통해 땅속으로 내려가면 사
각형의 방이 나오는데 그 방의 한가운데
에 공주와 공주의 남편이 모셔져 있고, 네 면
의 벽엔 12명의 시중드는 사람들의 그림이 그려
져 있답니다.

석등탑

붉은색, 푸른색 그리고 녹색과 흰색, 검은색이 어우러진 화려한 그
림은 공주 부부의 다음 세상을 즐겁게 했겠지요? 무사는 무덤을 지
키고, 악사는 때때로 공주 부부를 흥겹게 했을 테고 시종들은 알뜰히

섬겼을 겁니다. 직접 봤냐고요? 아~아니, 저는 공주의 무덤 속을 보진 못하고 이야기만 들었지요. 안으로 들어갔다간 도굴꾼으로 몰려 저세상 사람이 되었을 테니까요.

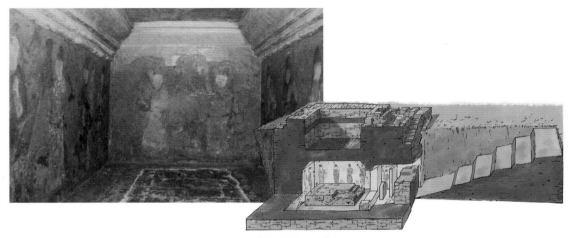

정효 공주 묘 내부

그런데 특이하게도 공주의 무덤 위에는 벽돌로 만든 탑이 세워져 있었습니다. 저는 그 탑을 볼 수 있었으나 여러분은 볼 수 없게 되었다더군요. 1300년이나 지났으니까요. 저는 탑을 보면서 고구려의 장군총을 떠올리게 됐습니다. 왜냐고요? 장군총 위에도 건물을 세웠던 흔적들이 남아 있었거든요. 그게 탑이었는지는 확실하지 않지만요. 그래서 역시 발해는 고구려와 닮은 점이 많구나 하는 생각이 들었습니다.

그런데 정효 공주 무덤은 온전하게 발견되어 귀중한 자료가 되었는데 문왕의 둘째 딸인 정혜 공주의 무덤은 도굴당해서 심하게 훼손

됐다지요? 언니인 정혜 공주의 무덤은 고구려식인 굴식 돌방무덤이라 들어가는 입구가 있어 도굴이 쉬웠던가 봅니다. 그런데 15년 뒤 정효 공주의 무덤은 중국식인 벽돌로 만들면서 천장은 모서리를 점점 좁혀 둥글게 마무리하는 고구려식으로 했다더군요. 비슷한 때의 자매의 무덤 방식이 다른 건 무엇 때문인지 궁금하지 않습니까? 그건 문왕이 당나라의 문물을 적극적으로 받아들이면서 넷째인 정효 공주의 무덤은 중국식으로 만들었기 때문이지요. 무덤 하나로도 역사의 흐름을 알 수 있는 거랍니다.

정혜 공주 묘(사진 제공:동북아역사재단)

돌사자상

여기 파괴된 정혜 공주의 무덤 속에서 용케 살아남은 돌로 만든 사자상이 보이나요? 지금은 주인을 잃어버렸지만 공주의 무덤을 지키

**영광탑**
원래 이름은 전해지지 않고 청나라 때 붙여진 이름이래.

던 돌사자입니다. 60센티미터가 좀 넘는 돌일 뿐인데 가슴을 앞으로 척 내밀며 앞발을 단단히 세운 모습이 딱 발해인 같지 않습니까? 작은 사자상에서도 발해인의 용맹함이 느껴지고 고구려인의 모습도 겹쳐 보이는군요. 뭐, 발해가 고구려였으니까요!

서경에 멋진 탑이 있다고 해서 보러 갔더니 돌을 벽돌 모양으로 깎아서 올린 전탑인데 키가 12미터가 넘더군요.

여러분은 **영광탑**으로 부를 겁니다. 이 탑은 위로 올라갈수록 좁아지는 사각형 모양인데 안을 비워 각 층마다 창문을 냈습디다. 왜 이렇게 만든 걸까 궁금했는데 밤이 되니까 알겠더군요. 탑 안에 금불상을 모셔서 달빛이 비치니까 그 빛으로 주위가 다 환~해집디다. 언덕에 있다 보니 그 빛은 더 멀리까지 가더군요. 그 순간 영광탑이 놓인 언덕이 명당이란 걸 깨달았습니다! 그 언덕에선 유유히 흘러가는 아름다운 압록강의 모습을 다 볼 수 있으니까요. 달빛에 흔들리는 강물도, 햇빛에 부서지는 강물도, 흩날리는 눈발을 머금는 강물도…… 말이죠.

그런데 나중에 황금에 눈이 먼 도둑놈이 금불상을 훔쳐 가는 바람에 그 빛을 잃어버렸다는 소리에 얼마나 안타깝던지……. 게다가 엎친 데 덮친 격으로 탑 속에 독사가 들어가 사람들을 해치는 일이 벌어졌답니다. 그러자 백두산 천지에 사는 용이 탑을 들어내어 독사를 쫓아내다 탑의 층수가 줄어들어 그만 5층탑이 되고 말았다네요. 믿거나 말거나 말이죠. 어쨌든 참 아깝습니다…….

이 탑도 정효 공주의 무덤처럼 탑 아래에 무덤이 있었다더군요. 물론 다 도굴되어 흔적만 남았는데 벽화의 흔적도 보이더랍니다. 그 벽화도 고구려와 닮았다는 걸 보여 주는 증거였을 텐데 아쉽기만 합니다.

발해인들이 일본으로 가기 위해 거쳐 간다는 동경성으로 갔다가 돌로 만든 독특한 부처상을 보게 됐습니다. 석가불과 다보불 두 부처님이 나란히 앉아 있는 모습이라 이불병좌상이라 하더군요. 광배가 찬란하게 빛나는 두 부처님이 사이좋게 나란히 앉아 있는 모습도 보기 좋았는데 연꽃에서 귀여운 동자들이 태어나는 모습은 또 어찌나 발랄하고

영광탑(사진 제공:동북아역사재단)

귀엽던지요! 29센티미터의 아담한 크기라 혹 발해인이 가지고 다니던 불상이 아닐까 하는 생각을 했습니다. 왜냐하면 이 불상이 동경성에서 유난히 많이 발견됐거든요. 동경성은 일본으로 가는 길목이었으니 바닷길의 안전을 빌기 위한 휴대용 불상이 아니었을까요?

이불병좌상

저는 발해의 문화재와 발해인을 보면서 참으로 용맹하면서도 발랄한 기운이 넘친다는 느낌을 받았습니다. 주변의 문화를 잘 받아들여 독특한 문화를 만들어낸 독창적인 사람들이란 생각도 들고요. 강대국의 문화라 할지라도 마구잡이로 받아들이지 않고 발해의 것으로 만드는 힘이 발해를 강한 나라로 만든 게 아닐까 합니다.

이제 신라로 가기 위해 남경성으로 옮겨 가야겠습니다. 신라로 들어가려면 남경성을 거쳐야 하니까요. 여기까지 와서 신라의 명품을 사 가지 않는다는 것은 소그드인에겐 말도 안 되는 일입니다. 서라벌에서 다시 봅시다!

## 불국토의 문화재

오호, 신라의 수도 서라벌은 한반도 끝에 있네요. 한 나라의 수도가 이렇게 후미진 곳에 있는 건 처음 봅니다만 서라벌은 천년 왕국의 수도답게 정말 멋지군요. 소문대로 공기도 맑고 날씨도 따뜻하니 살기 좋은 곳입니다. 도시 전체가 바둑판처럼 잘 정돈되어 있는데다 사람 다니는 길과 마차가 다니는 길이 따로 있군요. 세상에나, 초가집이 한 채도 보이지 않네요! 이렇게 부유한 도시는 처음 봅니다.

시장에도 없는 것이 없군요. 로마의 유리 제품, 아라비아의 양탄자, 중앙아시아의 구슬 목걸이······. 이럴 수가! 그래서 내 친구가 콘스탄티노플, 사마르칸트, 장안, 서라벌 이 네 도시를 가 보지 않고는 세상을 다 봤다 말하지 말라고 한 것이군요. 그 친구가 서라벌에는 절이 별처럼 널렸고 탑은 줄지어 나는 기러기처럼 있다더니, 정말이네요! 불국토가 따로 없습니다. 여기가 바로 불국토네요. 그렇다면 말 그대로 부처님 나라를 뜻하는 불국사부터 보러 가야겠습니다.

불국사는 지어지는 데 30년이나 걸려 창건자인 김대성도 완성되는 것을 보지 못했다고 하더군요. 그런 걸 제가 보게 되다니 참으로

불국사

영광입니다. 연꽃무늬가 그려진 33개의 계단인 청운교, 백운교를 지나야 부처님의 나라에 갈 수 있답니다. 그래서 옷깃을 여미고 계단을 오르니 부처님을 모신 대웅전 마당에 두 개의 탑이 먼저 눈에 들어오더군요. 오른 쪽에 있는 탑이 **다보탑**, 왼쪽에 있는 탑이 **석가탑**이랍니다.

**다보탑**
다보여래의 사리를 탑 속에 모셨다고 해서 붙여진 이름인데 탑은 부처님을 상징하는 거래.

**석가탑**
석가의 사리를 모셨다고 해서 붙여진 이름이야. 다보탑과 석가탑은 늘 마주 보고 있어야 된대.

다보탑은 '저것이 정녕 돌로 만든 탑이란 말인가?' 할 정도로 돌을 요리조리 마음껏 다듬어 올렸더군요. 그 솜씨가 마치 찰흙을 가지고 논 듯하여 기가 막혔습니다! 10미터가 넘는, 다루기 힘든 단단한 화강암으로 만든 탑이 얼마나 아기자기하면서도 화

석가탑                    다보탑

려하던지 발길을 돌리기가 어려웠지요. 탑의 네 모퉁이엔 사자 석상들이 앉아 부처님을 수호하고 있었는데, 여러분은 흉터가 좀 있는 사자 석상 하나만 볼 수 있을 겁니다. 왜냐고요? 나머지 멀쩡한 사자상들은 누군가 훔쳐 갔기 때문이겠지요. 반드시 찾아오겠다고요? 호~ 꼭 그러길 바랍니다.

돌사자상

다보탑과 마주 보며 서 있는 석가탑 역시 10미터가 넘는 늘씬하고 단아한 모습인데 나중에 이 탑에

**무구정광대다라니경**

서 세계 최초의 목판 인쇄물인 '무구정광대다라니경'이 발견됐다더
군요. 세계 최초의 것은 당연히 중국 거라는 생각이 꽉 박혀 있던 저
는 깜짝 놀랐습니다. 자그마한 왕국인 신라가 세계 최초의 목판 인
쇄물을 만들었을 거라고는 상상도 못했거든요. 미안합니다. 그런데
1200년 후에 이 인쇄물은 본 사람들은 이렇게 묻지 않을까요?

"어떻게 1200년이 넘은 종이 인쇄물이 이렇게 온전하게 발견된
걸까?"

라고요. 그 비밀은 제가 알려 드리지요. 신라의 한지는 아주 특별
하답니다. 그래서 저도 한지를 구하러 여기까지 온 거랍니다. 신라의
한지가 특별한 건 만드는 기술이 남달랐기 때문이지요.

닥나무 껍질을 잘 삶고 풀어서 뜰채로 건져 올린 젖은 한지를 나
무망치로 수백 번을 두들긴답니다. 그냥 말리는 게 아니라 두들겨서
물기를 빼야 비단처럼 결이 고우면서도 질긴 한지가 만들어진다더
군요. 너무 많이 두들기면 한지가 상하고 적게 두들기면 최고의 한
지가 만들어지지 않는답니다. 두들기는 횟수는 오로지 장인의 감으
로만 알 수 있다니 이게 바로 신라만의 특급 기술인 셈이지요. 이렇
게 섬세하고도 질긴 한지에 세균이 얼씬도 못하게 **황백나무**의 색소를

바르니 1200년의 세월을 견디는 종이가 나오는 거랍니다. 신라의 과학 수준이 아주 놀랍지 않습니까?

세계 최초의 목판 인쇄물이 나온 석가탑은 무영탑이라고도 한다는데 그림자가 비치지 않는 탑이랍디다. 세상 어딜 다녀 봐도 그림자 없는 물건은 못 봤다 따졌더니 신라인이 이런 이야기를 들려주더군요. 나라를 잃은 백제의 아사달이 불국사를 짓는데 기술자로 끌려왔답니다. 그런데 해가 가고 달이 가도 소식 한 장 없으니까 아내인 아사녀가 애가 타서 서라벌까지 찾으러 왔지요. 그러나 스님은 탑이 완성되면 연못에 비칠 테니 그때나 만나 보라면서 내쳤답니다. 아사녀는 연못가에서 하염없이 기다릴 수밖에 없었다더군요. 그런데 기다려도, 기다려도 탑의 그림자는 비치지 않아서 아사녀는 그만 절망하여 죽고 말았다지요? 그만큼 절을 짓는 공사가 힘들고 오래 걸렸단 이야기겠지만 아사달처럼 나랏일에

**황백나무**
약의 재료로 많이 쓰이는 나무인데 특히 열매는 세균의 번식을 막고 좋은 향기도 나게 한다.

불려 가서 오랫동안 돌아가지 못하는 지아비들이 많았던가 봅니다.

동해의 해가 떠오르면 그 빛을 받아 이마에서 광채가 난다는 석굴암 부처님이 있다길래 토함산에 올랐습니다. 비단길을 오가며 유명하다는 석굴은 다 보았기에 큰 기대를 하지 않았는데 석굴암을 보고는 깜짝 놀랐습니다. 석굴암은 자연으로 생긴 석굴에 부처님을 만든 것이 아니라 사람이 만든 석굴이었기 때문입니다. 더 놀라운 건 아주 단단한 화강암으로 만든 석굴이라는 겁니다. 중국의 석굴은 다루기 쉬운 돌로 되어 있거든요. 단단한 화강암을 쪼아 저토록 아름다운 조각품을 만들다니…… 보면서도 믿기지가 않았습니다.

석굴암과 십일면관음보살상

360여 개의 돌을 한 치의 빈틈도 없이 짜 맞추었
는데 큼지막한 팔뚝돌을 박아 천장을 둥글게 만들
고는 가운데 악마를 물리치고 큰 깨달음을 얻은 부
처님을 모셨더군요. 들어가는 통로 양쪽에는 금강역

사라는 장수가 돋을새김되어 주먹을 불끈 쥐고 눈을 부릅뜨며 부처
님 세계를 지키고 있었습니다. 그 모습에 움찔해져 자세를 바로잡게
되더군요. 다부진 몸매가 어찌나 멋있던지 슬쩍 곁눈질을 하면서 말
이지요.

주위의 벽에는 불법을 전하거나 지키는 인물들을 조각해 놓았는
데 어찌나 생생하던지 마치 살아서 움직일 것 같았습니다. 보살님의

금강역사상                                                                                 금강역사상

얇은 비단 옷이 사라락 소리를 내며 바람결에 휘날릴 것 같았지요. 돌로 저렇게까지 표현해 내다니 놀랍다고 계속 감탄하자 신라인이 웃으면서 해가 떠오르며 부처님을 비출 때의 모습은 더 아름답다고 하더군요. 그래서 다음 날까지 기다리기로 했습니다.

과연 동해의 해가 떠오르며 부처님의 이마에 있는 보석을 비추자 이 세상의 진리를 깨우쳤다는 부처님이 환하게 빛나기 시작했습니다. 그리고 진리를 나눠 주시는 듯 빛이 주위의 불보살님들을 하나하나 비추자 모든 조각상들도 빛나기 시작했습니다. 아, 아…… 저는 그 순간 깨달았습니다. 이 세상은 누구 한 사람만이 주인공이 아니라 우리 모두가 주인공이라는 것을요! 그곳에 있던 저마저도 함께 빛이 났으니까요. 한낱 장사치인 나도 부처님만큼이나 빛나는 귀한 존재라니…… 그만 눈물이 주르륵 흘러내렸습니다.

물론 저는 불교 신자가 아닙니다만 석굴암의 장엄하고 신비한 경험은 죽을 때까지 잊지 못할 것 같습니다. 내가 얼마나 귀한 사람인가, 우리 모두 얼마나 귀한 사람인가! 하는 깨달음으로 세상을 보니 어제의 세상과 오늘의 세상은 다르더군요. 이제 내 주머니만 불리는 영악스런 장사꾼으로는 살지 않기로 했습니다. 이래서 사람들은 여행을 통해 배운다고 하는가 봅니다.

그런데 여러분의 나라가 일본에게 강제로 나라를 빼앗겼을 때 석굴암이 훼손되어 더 이상 이 아름다운 경험을 할 수 없게 되었다고 하대요? 석굴암이 동양에선 그 무엇도 견줄 수 없을 정도로 뛰어난 예술품이라는 걸 알고는 보수를 하다가 큰 실수를 했다더군요. 서둘러 복구를 하면서 천장을 시멘트로 발라 마무리를 했는데 이게 석굴암을 부식시키는 원인이 됐다니 정말 안타깝습니다. 그때의 일본인들이 8세기 신라인의 완벽한 과학의 세계를 이해할 수 없었기 때문이었지요. 빨리 제대로 복구되어 여러분도 나와 같은 신비한 경험을 하게 되길 바랍니다.

차분하게 여행의 막바지를 정리하는데 어디선가 웅혼한 종소리가 들렸습니다. 맑으면서도 장엄한 소리에 이끌려 가니 봉덕사의 성덕대왕 신종이라는 아름다운 종과 만나게 되더군요. 경덕왕이 아버지인 성덕대왕의 명복을 빌고 중생을 고통에서 벗어나게 하려고 만든 종이랍니다.

12만근이라는 어마어마한 구리를 녹여 실패를 거듭하면서 34년 만에 만든 귀한 종이라더군요. 그런

**중생**
깨달음을 얻지 못한 모든 사람을 말하는 거야.

**음관**
세로로 세운 피리처럼
생긴 음관으로 잡음을
제거하는 역할을 한대.

**용뉴**
종을 매다는 고리로
용머리가 조각되어 있어.

**유두**
9개의 연꽃봉오리가
줄을 맞춰 조각되어 있어.

**비천상**
하늘을 나는 천인의
모습이란다.

**당좌**
연꽃 모양의 당좌는
종을 치는 부분인데
충격을 가장 적게
받는 곳에 만들어졌대.

**성덕대왕 신종**

데 여느 나라의 종소리보다 깊이가 있고 은은한 소리가 긴 여운을 남
긴다고 했더니 종을 만든 장인이 신이 나서 설명을 해줍디다.

"이 종은 우리 신라인의 기술과 예술이 빚어낸 걸작이라오. 감포 앞 바다의 흙으로 거푸집을 만든 것이 신비한 소리의 첫 번째 비결이지요. 그 흙만이 거푸집의 온도와 습도를 잘 맞춰 정교한 무늬를 만들어낼 수 있거든요. 그리고 종의 아름다운 무늬들은 눈으로만 보라고 있는 게 아닙니다. 무늬들이 약간 비대칭으로 만들어져 소리에 여운을 주게 했거든요. 이게 두 번째 비결입니다. 세 번째 비결은 당좌에 있습니다. 종을 칠 때 망치가 닿는 부분인 당좌는 충격을 가장 덜 받으면서 소리는 가장 멀리 보낼 수 있는 곳에 만들어졌으니까요. 그리고 종의 몸은 두께가 조금씩 차이가 나도록 만들고 끝은 오므려 서로 다른 소리가 음관을 타고 올라가게 만들었습니다. 음관은 어느 나라에도 없는 것이니 이것이 네 번째 비결입니다. 그리고 오랜 세월에 걸쳐 엄청난 정성이 들어간 것이 가장 중요한 다섯 번째 비결이라오. 이 비결이 두 개의 소리가 겹치면서 울려 장엄하고도 은은한 소리를 내는 것이지요. 아마도 세상에 단 하나밖에 없는 소리일 것입니다."

장인의 이야기를 들으며 신라인의 정신과 과학의 수준이 도대체 어디까지일까 생각하다가 종의 몸통에 그려진 비천상을 보게 됐습니다. 향로를 받쳐 든 여인이 옷자락을 휘날리며 꽃구름을 타고 하늘에 오르는 모습에 넋이 나갈 뻔했습니다. 이제껏 장안이 문화의 중심이며 끝일 것이라던 생각을 접어야 했습니다.

비천상

**월지와 동궁**

　월성에 있는 동궁과 월지도 아니 보고는 못 간다는 신라인의 말에 웃으면서 동궁과 월지를 보러 갔습니다. 안압지로 알려진 월지는 문무왕이 삼국을 통일하자마자 만든 연못인데 고구려, 백제, 신라의 기술자들이 힘을 모아 만든 것이라더군요. 삼국의 문화가 다 합쳐진 통일을 상징하는 건물인 셈이지요. 월지는 바다를 옮겨 놓은 것처럼 넓은데다 아름다운 단청을 입힌 건물들과 산이 화려하기 그지없었습니다. 연못 한가운데 산속에는 진귀한 새와 기이한 동물들이 뛰놀고 귀족들은 배를 띄워 그 모습을 즐기더군요. 통일을 이룬 위대한 왕국의 위용에 기가 질릴 지경이었습니다.

월지는 신라를 대표하는 곳이라 나라
의 중요한 행사나 사신을 맞는 일은 모
두 이곳에서 한답니다. 왕과 귀족들은
때때로 이곳에서 잔치를 벌이기도 하
는데 참나무로 만든 14면체의 독특한 주

실험하다 홀랑
타 버려서 지금은
사진으로만
남았다니……

사위를 가지고 재미난 놀이도 즐긴다더군요. 주사위엔 '얼굴을 간질
여도 꼼짝 않기', '여러 사람이 코 때리기', '술 세 잔 한 번에 마시기'
등 여러 장난스런 벌칙이 있어 분위기가 아주 좋아진답니다. '팔뚝
을 구부린 채 다 마시기'라는 벌칙도 있다기에 무엇인가 했더니 두
사람이 팔짱을 끼고 마시는 거라더군요. 분위기가 안 좋을래야 안 좋
을 수가 없겠다며 껄껄 웃었지요. 술 마시고 노래하고 춤추는 유쾌한
신라인을 보는 듯했습니다.

　그런데 이렇게 멋진 곳에 태자가 사는 동궁을 지은 까닭을 물으니
다음 왕위를 이을 태자는 떠오르는 태양과 같기 때문이랍니다. 태양
이 떠오르는 동쪽에 태자의 거처를 지어 대를 이어 번성하라는 뜻이
라나요? 그리고 신라인은 용왕을 섬기는 풍속이 있어 바로 이곳에
서 태자가 용왕에게 제사를 올린답니다. 그제야 왜 바다 같은 연못을
만들었는지, 문무왕이 왜 용왕이 되고자 했는지 다 이해가 되더군요.

　다음 날 남산은 꼭 봐야 한다기에 그곳에 오르니 발걸음 딛는 곳
마다 불상이요, 탑이었습니다. 신라인들이 저마다 꿈과 희망을 담아
만든 것이라 개성이 넘쳐서 다 돌아보느라 꽤 오랜 시간이 걸렸지만
지루한 줄을 몰랐습니다. 석굴암의 부처님처럼 완벽하진 않았지만

소박한 부처님과 탑들은 남산을 오르내리는 신라인들의 소원을 다 들어주실 것 같았지요. 남산에서 내려다보니 황룡사의 9층 목탑이 한눈에 들어오더군요. 서라벌은 말 그대로 부처님의 나라였습니다.

여행이 끝나가자 저를 안내하던 신라인이 말하길 제 표정이 한결 부드러워지고 행동은 겸손해졌다더군요. 처음엔 시간이 돈이라면서 바쁜 체하고 뭘 보여 줘도 대단치 않게 보더랍니다. 그러면서 돈이 될 만한 것엔 쌍심지를 켜는 모습이 영락없는 장사꾼으로 보였다나요? 그리고 입만 열면 '우리 고향에선 말이지, 장안에서는 말이야……' 해 대는 통에 제 별명이 '시건방진 서역인'이었답니다. 제가 세상을 두루 돌아다니며 큰돈을 만지는 장사꾼이라 저도 모르게 남을 아래로 봤던 모양입니다. 진심으로 용서를 빌었지요. 제 변한 모

남산의 마애불

삼층 석탑

습에 신라인들은 진정으로 아쉬워하며 송별회를 해 주었습니다. 진짜 친구가 생긴 것이지요!

　발해와 신라의 서라벌까지 왔다가 저는 돈보다도 더 귀중한 것을 얻게 되었습니다. 석굴암에서의 누구나 귀중한 사람이라는 깨달음은 이제 제 인생을 바꿔 놓을 겁니다. 돈주머니는 좀 가벼워지겠지만 진짜 친구가 생기고 마음은 풍요로워지겠지요. 게다가 이야기라는 선물도 가져가니 고향에 가면 더 많은 친구들이 생기지 않을까요? 이만, 안녕들 하시기 바랍니다. 쌀럼, 쌀럼!

저자가 직접 강의하는 호락호락 한국사 3장
왼쪽의 QR코드를 찍어서 저자의 강의를 들어 보세요!
만약 QR코드가 안 될 경우에는 아래 링크로 들어오세요.
https://blog.naver.com/damnb0401/221182832034

여기가 호락호락 토론방입니까?

네 맞아요. 우리에게 남북국 시대의 문화재 이야기를 들려주신 분이지요? 이야기 잘 들었어요. 그런데 학교에서 발해가 누구의 역사인지 알아 오라고 해서 다시 모셨어요. 발해는 좀 낯선 나라여서요…….

발해가 누구의 역사인지는 다 이야기한 것 같은데, 내 설명이 좀 모자랐나 보군요? 배를 타고 떠나려다가 급하게 다시 왔습니다.

어머, 죄송해요. 설명이 모자란 게 아니라 저희가 숙제를 잘하고 싶어서요. 그런데 아저씨 반말로 하세요. 우리한테 존댓말 하니까 좀 그래요.

한국말을 존댓말로 배워서 반말이 어려워요.

아하~ 크크크.

그런데 정말 발해가 고구려를 이은 나라인지 좀 헷갈려요. 당나라 문화가 많이 섞인 거 같거든요. 딱히 우리 문화라는 느낌이 안 들어서요.

그래요? 무엇 때문에 그렇게 생각하는지 말해 볼래요?

발해의 수도였다는 상경성부터가 당나라의 장안을 따라 만들었다잖아요? 그래서 중국이 발해의 상경성을 복원하고 있는데, 당나라의 장안하고 똑같이 만들어 세계문화유산으로 등록할 거래요.

그래요? 중국이 1300년 전의 상경성을 그대로 만들어낼지 모르겠군요. 상경성이 장안을 따라 한 건 맞습니다. 그러나 겉모양을 따라했을 뿐 속을 들여다보면 고구려다운 것이 더 많습니다. 목재를 많이 쓴 당나라와는 다르게 상경성은 고구려처럼 돌을 많이 사용했거든요. 돌을 쌓은 방식도 고구려식이구요. 그리고 결정적인 증거가 또 하나 있습니다.

온돌이요?

바로 그겁니다. 온돌은 고구려의 난방 방식이지 결코 중국 게 아닙니다. 발해인은 일본으로 간 사신들이 묵었던 숙소에도 온돌을 놓았습니다. 그게 지금까지도 남아 발해인이 누구인가 말해 주고 있지요.

상경성의 온돌과 일본에 남아 있는 온돌이 발해가 고구려를 이은 나라라는 증거 1호라는 건가요?

그렇지요. 이제 정리가 되는 모양이군요.

그런데 정효 공주 무덤하고 영광탑은 벽돌로 만들어서 그런지 언뜻 봐도 중국 거 같던데요?

나도 처음엔 그렇게 생각했습니다. 그런데 벽돌이 아니라 벽돌처럼 깎은 돌이랍니다. 신라의 분황사탑도 그렇게 만들지 않았나요? 영광탑과 정효 공주 무덤은 원래 고구려 무덤 방식으로 짓고 중국의 벽돌 양식을 슬쩍 빌려 왔을 뿐입니다.

자, 잠깐만요, 영광탑이 고구려 무덤 방식으로 지은 거라고요? 무슨 말씀인지…….

에헤~ 딴지양! 영광탑 밑에서 무덤이 발견됐다고 했잖아. 꼼꼼히 좀 읽어라~.

그래요, 영광탑도 무덤이에요. 무덤에서 벽화의 흔적이 발견됐다고 하지 않았나요?

아~ 기억나요! 영광탑 벽화가 남았다면 고구려와 닮았다는 증거가 됐을 거라고 아쉬워하셨죠?

아저씨! 저도 이상한 게 있어요. 정효 공주 무덤은 벽돌 방이던데요? 고구려는 돌로 무덤방을 만들지, 벽돌로 무덤방을 만들진 않잖아요? 중국의 양나라를 따라 했다는 백제의 무령왕릉이 생각나던 걸요?

그래, 맞아! 나도 무령왕릉이 떠올랐어.

무령왕릉이 중국을 따라 했다고 해서 백제를 중국이라고 하던가요? 오히려 국제적이라고 자랑하는 거 같던데요?

히히! 그건 그런데? 딴지양! 내가 중국옷 입었다고 쭝국살람이겠냐?

크크크! 그건 그렇네!

그래요. 정효 공주 무덤이 완전히 고구려식이 아니긴 합니다. 그렇지만 사방에 그려진 벽화는 어떻게 설명할 건가요? 화려한 색깔로 그려진 12명의 무사와 악사와 시종들을 보면 고구려 벽화가 저절로 떠오르지 않나요?

아하, 벽화가 있었구나! 벽화 그러면 고구려지!

그래도 제 생각엔 중국과 고구려의 문화가 막 섞인 거 같아요. 그러면 고구려를 이어받았다고 말하기 좀 그렇잖아요?

무덤을 만드는 방식은 그 나라만이 가진 방식이 있기 때문에 잘 변하지 않습니다. 발해는 고구려의 방식을 기본으로 하고 살짝 중국의 방식을 가져다 쓴 겁니다. 무엇을 기본으로 했는가가 중요한 거지요. 뭐, 문화란 조금씩 섞이는 거니까요.

앗싸! 증거 2호, 발해의 무덤 양식은 고구려와 닮았다. 특히 정효 공주의 무덤 속 벽화는 발해가 고구려였다는 걸 확실하게 보여준다. 이렇게 정리하면 되죠?

그런데, 그렇군! 이 그릇 좀 봐 봐. 이게 당나라 그릇일까, 발해 그릇일까?

어? 여러 가지 색깔이 들어간 걸로 봐선 당삼채인데, 생긴 건 고구려 그릇인데? 아가리가 넓고 배가 불룩한 건 고구려 그릇의 특징이잖아. 아하! 내가 결론을 내리지. 이건 고구려의 그릇 + 당나라의 당삼채 + 발해의 기술. 그러니까 세 나라의 합작품이네.

문화는 섞이는 거다, 그래야 더 아름답다. 이
거 아니겠어?

발해 삼채 그릇

허허허……. 두 친구가 주거니 받거니 하면서
배우는 모습이 아주 사랑스럽군요! 그렇지요. 문
화도 두 친구처럼 주거니 받거니 하는 겁니다. 내가 본 발해는
고구려인이 중심이 되긴 했지만 여러 종족이 모여선지 아주 다
양하고 독특했습니다. 그리고 남의 나라 문화를 받아들여도 아
주 독창적으로 만드는 기술이 있더군요. 씩씩하기도 하고 익살
스럽기도 하고 아기자기하면서 진중한 느낌을 주었으니까요.
그런 문화재가 다 파괴됐으니 참 안타깝습니다.

아기자기한 것도 있어요?

나는 이 연꽃무늬 수막새가 아기자기한 것 같
던데, 어떻습니까?

쌍둥이 같은데요, 위에 있는 수막새의 연꽃잎
도 단순하게 그렸는데 아래에 있는 수막새 연
꽃잎도 그런데요?

고구려 수막새

에이, 쌍둥이는 아니다, 뭐! 둘 다 간결하게 그
린 건 맞는데 아래 수막새가 더 귀여워. 꼭 하
트 무늬 같지 않니?

위는 고구려의 수막새이고 아래는 발해의 수
막새죠. 두 친구가 말한 것처럼 두 수막새는

발해 수막새

간결한 것이 아주 많이 닮았지요.

증거 3호, 발해의 그릇은 고구려의 그릇과 생긴 모습이 같다. 수막새는 완전 닮은꼴이다.

그런데 왠지 증거 자료가 여기서 쪼끔, 저기서 쪼끔 긁어모은 거 같지 않니? 아저씨, 좀 확실한 증거가 없을까요?

있습니다!

있어요? 에이, 아저씨 그럼, 그거부터 말씀해 주셨어야죠.

주인공은 가장 나중에 나오는 거 아닙니까?

발해가 외교와 교역 때문에 위험을 무릅쓰고 동해를 건넜다고 이야기했던 거 기억하지요? 그때 보냈던 발해왕의 국서들이 일본에 그대로 보관되어 있답니다. 특히 발해의 두 번째 왕이었던 무왕은 국서에 이렇게 밝혔답니다.

"무예는 욕되게 여러 나라를 주관하고 외람되게 여러 번국을 아우르게 되어 고구려의 옛 터전을 수복하고 부여의 풍속을 잇게 되었습니다."

이만한 증거가 또 있겠습니까? 발해왕이 자신들이 누구인가 분명하게 밝혔지 않습니까?

무슨 말인지 잘 모르겠는데요?

무예는 등주선 공격을 감행했던 무왕의 이름입니다. 욕되다, 외람되다 하면서 자기를 낮추고 있지만 주변의 여러 나라들을 정복했다고 은근히 자랑을 하고 있는 겁니다. 그리고 고구려의 옛 터전을 왜 되찾았을까요? 발해가 고구려를 이어받은 나라

이기 때문에 그런 거지요.

아~ 빼앗겼던 집 찾은 거하고 같은 거네요? 그런데 왜 고구려 풍속이 아니라 부여의 풍속을 잇는다고 한 거예요?

고구려를 세운 주몽이 어디서 태어났는지 생각해 보세요. 부여 아닙니까? 고구려의 뿌리는 부여라고 생각했던 겁니다.

증거 4호, 발해왕이 발해가 고구려를 이은 나라라고 밝힌 국서가 있다. 짜잔! 숙제, 끝~.

아저씨, 이런 국서가 있는데도 왜 중국은 발해가 자기네 역사라고 우기는 걸까요?

TV에서 보니까요, 중국은 강대국이 되면서 자기 땅에 있었던 나라의 역사는 다 자기네 역사라고 주장한대요. 그래서 고구려도, 발해도 중국 역사로 만들고 있다고 그러던걸요?

뭐, 고구려까지 자기네 역사라고?

중국은 아마 두려워서 그럴 겁니다.

네에? 그 큰 나라가 뭘 두려워하는데요?

크니까 두려운 겁니다. 중국은 한족이 중심이 되고 여러 민족이 모여 이루어진 나라거든요. 그러니 각자 가진 역사가 다르지 않겠어요? 다른 민족들이 역사를 들먹이며 독립하겠다고 하면 중국은 확 줄어들 겁니다. 서둘러서 지금 자기 땅의 역사는 다 중국의 역사다 하는 이유가 다 두려움 때문이지요.

그렇다고 남의 역사를 자기 역사라고 우기다니, 눈 뜨고도 코 베인다는 게 이런 거 아냐? 이러다 우리 역사 다 뺏기겠네…….

그럼 안 되지. 고구려와 발해가 우리의 역사라는 걸 세상에 밝혀야 돼. 지금 힘이 세다고 버젓한 남의 나라 역사까지 빼앗아 가려고 하다니, 이건 정말 있을 수 없는 일이야! 일본만 역사 왜곡이 심한 줄 알았더니 중국은 더 심하네.

어린 친구들. 그런데 고구려와 발해가 다 중국 땅이 됐으니 이제 어떻게 해야 될까요?

정말 어떻게 해야 되죠? 아저씬 오~~래 사신 분이고 여러 나라도 다녀 봤으니 어떻게 해야 될지 아실 거 아녜요?

역사를 지키겠다는 모습이 대견하니 팁을 하나 드리지요. 내가 여러 곳을 다녀 보니 기억하지 않는 역사는 사라지더군요. 그러니 발해에 대한 기록과 남아 있는 문화재가 부족하더라도 열심히 자료를 찾고 공부하세요. 흩어진 흔적이라도 모으면 아주 귀중한 역사가 된답니다. 중국이 역사를 왜곡하는 것마저도 잊지 말고 기억하세요. 언젠간 진실이 밝혀질 때가 올 겁니다. 그때 여러분의 기록과 기억은 아주 훌륭한 역사가 될 겁니다.

아저씨, 우리 편이 되어 주셔서 고마워요.

편이라니요? 이게 뭐 축구 경기인가요? 나는 그저 눈으로 본 것 그대로 이야기한 겁니다. 그럼, 나는 이제 진짜 내 고향으로 돌아갑니다. 어린 친구들, 쌀럼!

네, 정말 감사합니다. 안녕히 돌아가세요. 쌀럼!

## 발해는 고구려다

선생님이 '발해가 누구의 역사인가?'라는 모둠 숙제를 내주셨을 때 나는 정말 짜증이 났다. 발해에 대해선 아는 게 거의 없었기 때문이다. 애들도 삼국은 익숙해도 발해는 낯설다며 툴툴거리기만 했다.

그런데 나에겐 역사의 요술 방망이가 있지 않은가? 『보고 듣고 말하는 호락호락 한국사』말이다. 이 책은 내 고민을 확 날려 주었을 뿐만 아니라 스타로 만들어 주었다.

모둠 발표 때 "발해는 고구려다" 하면서 증거 자료를 PPT로 보여 주면서 이야기하자 아이들은 초집중해서 들었다.

1. 고구려의 온돌과 상경성의 온돌 그리고 일본에 남아 있는 온돌
2. 고구려 무덤의 벽화와 정효 공주 무덤의 벽화
3. 고구려 그릇과 발해의 그릇 그리고 고구려의 수막새와 발해의 수막새
4. 무왕이 보낸 발해의 국서

이런 증거 자료를 보여 줄 때마다 아이들은
"와아~! 진짜 닮았다."

라는 말을 했다. 선생님도 대단하다고 칭찬하셨다. 나는 그날 우리 모
둠의 영웅이었다!

댓글 5개

댓글을 입력해 주세요.　　등록

✓ 인기순 최신순

그 책, 도서관에도 있냐? 그렇군이 있는 모둠이 겁나 부럽더라.
우리 모둠은 이번 발표 잘 모르겠다고 서로 미루다 망했거든.

에헤, 잘난 체 좀 그만해. 그 정도는 누구나 다 아는 거 아니냐?
한국 사람이라면!

그렇군! 그 그림 자료 나한테 넘겨주라. 우린 다음 주 숙제거든. 으응?

기록과 기억이 훌륭한 역사서가 되어 중국의 역사 왜곡을 밝히는
날이 빨리 왔으면 좋겠어. 거짓은 진실을 이길 수 없다!!!

맞다!!!

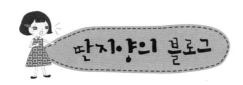

## 발해는 다문화의 원조

발해는 우리나라 역사라고는 하지만 가야보다도 낯선 나라이다. 발해가 있던 땅이 지금은 남의 나라여서 그럴까? 가야 그러면 철기! 이렇게 자동으로 떠오르지만 발해는 생각나는 것도 없다.

그런데 문화재 이야기를 듣다가 딱 떠오르는 게 생겼다. 바로 발해는 다문화의 원조라는 것이다. 고구려인, 말갈인, 거란인이 섞여 발해를 세우고 문화재도 여러 민족의 문화가 섞여 아주 특이하다.

**영광탑**

벽돌로 만든 영광탑은 중국탑 같지만 사실은 분황사탑처럼 돌을 깎아 만든 것이다. 그리고 탑 밑에는 고구려처럼 벽화를 그린 무덤이 있으니 두 나라의 문화가 사이좋게 섞여 있다. 정효 공주 무덤도 무덤방은 벽돌로 만들고 벽에는 벽화를 그렸다. 그래서 고구려 같기도 하고 중국 같기도 한데 아주 다르게도 보인다. 고구려도 중국도 아니게 보이는 건 여러 민족이 섞인 발해인이 만들어서 그런 거 아닐까? 이제 발해 하면 다문화가 떠오를 거 같다.

**댓글 3개**  ［댓글을 입력해 주세요.］  ［등록］

✓ **인기순** 최신순

아, 다문화가 그때부터 있던 거구나. 그런데 몽골하고는 힘을 합친 적이 없니?
우리 엄마가 몽골에서 온 사람이라고 아이들이 역사 시간에 나보고
침략자라고 그래서 울었어. 몽골하고 힘을 합친 증거도 좀 찾아 줄래?

에구, 어떤 무식한 애들이 그랬냐?
내가 알기론 몽골하고 힘을 합쳐 나라를 세운 적은 없지만
인종적으로는 굉장히 가깝다더라. 기죽지 마!

우리 엄마도 몽골에서 오신 분인데 나보고는 아예 몽골로 돌아가라던걸?
그래도 나는 울지 않았어. 나는 위대한 칭기즈칸의 후예니까!
기죽지 말라는 친구야, 고맙다!

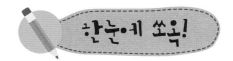

## 남북국의 문화재 지도

소그드인이 들려준 이야기를 떠올리면서 발해와 신라의 문화재를 다시 한 번 정리해 볼래? 발해의 수도와 유물을 연결시키는 건 좀 어렵겠지만 한 번 해 보렴.

정효 공주 묘

발해 삼채 그릇

발해 석등

발해 집터와 온돌 유적

발해 돌사자상

상경

동모산

중경    동경

서경

남경

이불 병좌상

영광탑

서라벌
(경주)

월지(안압지)

석굴암본존불상    성덕대왕신종    불국사    석가탑    감은사지 석탑

무구정광대다라니경

# 고구려와 발해 유물 구별하기

고구려와 발해의 유물을 섞어 놓았는데 고구려 유물엔 '고', 발해 유물엔 '발'을 써넣어 구분해 보렴.

## 세계는 비단길로 가까워졌어

큰 제국들은 비단길을 통해 물건과 문화를 주고받았어. 말을 타고 다니던 초원길과 낙타로 많은 물건을 가지고 사막을 건너던 비단길, 더 많은 물건을 실어 나르는 바닷길이 있었지.

### 2. 비단길
한무제가 서역 지방에 장건을 파견하면서 한나라와 서역 사이에 사막길이 열렸지. 낙타를 탄 각국 사절과 상인, 승려들이 이 길로 다녔어. 비단과 종이 만드는 기술이 멀리 로마까지 전해지고 많은 종교들이 전파되었지.

티나이즈

로마  콘스탄티노플

안티오크

알렉산드리아

## 1. 초원길

선사 시대부터 유목민들이 개척한 길이야. 청동 문화와 기마술이 아시아에 전해졌고, 이 길로 쳐들어온 훈족을 피해 게르만족이 서유럽으로 몰려갔지.

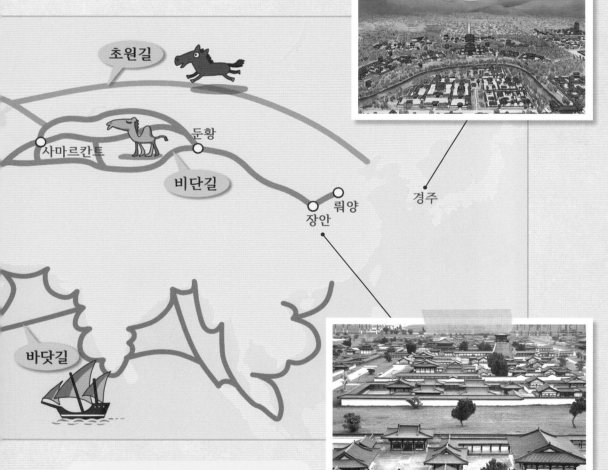

**초원길**

**비단길**

사마르칸트

둔황

장안    뤄양

경주

**바닷길**

## 3. 바닷길

인도인들이 이용하기 시작했는데 이슬람 상인들이 한반도와 일본까지 그 길을 연장했어. 이 길로 불교와 이슬람, 인도 문화가 전파되고 상인들은 많은 물건들을 사고팔았지. 신밧드의 모험 이야기가 펼쳐진 길이야.

쇠뇌 기술자 구진천
(문무왕 때 당나라 파견)

백제 명장 흑치상지
(630년~689년)

서역 진출 고선지
(?~755년)

『왕오천축국전』 혜초
(704년~787년)

청해진 대사 장보고
(?~846년)

불운한 천재 최치원
(857년~?)

효녀 지은
(진성여왕 때)

여전사 홍라녀

# 4장
# 우리 이야기도 들어줘

안녕, 얘들아~ ! 나는 삼국 시대 이야기를 들려줬던 솥단지야.

다시 만나니 더 반가워! 이번에도 나는 사람들 이야기를 하려고 나왔어.

삼국으로 나뉘어 있다가 통일을 이룬 건 좋았는데

전쟁으로 만든 평화였기 때문에 슬픈 일도 많았거든.

그리고 신라가 통일된 다음 전성기를 누리다가

다시 혼란스러워져 많은 사람들이 힘들어 했지.

그 이야기를 전하려니 나도 너무 슬퍼지네……

# 솥단지가 들려주는 남북국 시대 이야기

**유민**
나라를 잃고 떠도는 사람들이
란다.

『호락호락 한국사』를 읽는 친구들, 안녕! 또 만났
네, 또 만났어! 삼국 시대 이야기할 때 나왔던 바로 그
솥단지야. 이번엔 남북국 시대 사람들의 이야기를 하
려고 나왔다네. 시대가 바뀌어도 내 인기는 여전했거
든. 밥때만 되면 이 집 저 집에서 나를 찾았으니까!

나는 밥이랑 떡을 만드느라고 무지 바빴어. 특히 신라에서는 너무
바빠서 눈코 뜰 새도 없었으니까. 내가 눈, 코가 어딨냐고? 크크. 그
렇게 바빴다는 거지~. 그런데 점점 내 쓸모가 엉뚱하게 바뀌면서 아
주 슬픈 일이 벌어지더라? 그 이야기는 마지막에서 해 줄게.

처음에 들려줄 이야기는 세계사에 남은 고구려 **유민**의 이야기야.
자, 시작한다~!

## 서역 길을 연 영웅, 고선지

고구려가 망하자 모래바람이 하룻밤 사이에 산을 만드는 멀고 먼

오지에 버려진 사람들이 있었어. 당나라 서쪽 변방인 쿠차라는 사막 도시까지 끌려간 고구려 사람들이 있었거든. 그곳에 전투 실력은 물론 방탄의 뷔도 울고 갈 외모에 훌륭한 인품까지 갖춘 엄친아, 고선지가 있었지. 고구려의 군인이었던 아버지, 고사계가 이곳에 끌려와 낳았으니 고선지는 망향인 2세라고나 할까?

고선지는 강제 이주당한 사람들의 설움을 딛고 이곳에서 실력을 인정받아 젊은 나이에 장군이 되었어. 그 당시 당나라는 대제국을 꿈꾸고 있었기 때문에 무예가 뛰어난 사람은 누구든 군대로 끌어들였거든. 특히 용맹하기로 소문난 고구려인은 늘 환영이었지.

대제국을 이루려는 당나라가 서역까지 진출하려고 하자 서역의 여러 나라들은 반발했어. 그러자 당나라 황제는 고선지를 정벌군으로 보내 서역을 정벌하려고 했지. 하지만 그 나라들을 정벌한다는 것은 결코 쉬운 일이 아니었어. 왜냐하면 한여름에도 눈으로 덮여 있는, 7000미터가 넘는 파미르 고원과 험난한 힌두쿠시 산맥을 지나야만 했거든. 그곳은 말 그대로 죽음과 공포의 땅이었기 때문에 군대가 그곳을 넘는다는 것은 불가능하다고들 했지. 그런데 그 불가능한 일이 고선지에게 떨어진 거야. 전투 능력이 뛰어나다고 이미 소문이 자자했으니까.

당나라가 전쟁을 준비한다는 소리는 들었지만 서역의 나라들은 이제껏 파미르 고원을 넘어온 침략자가 없었기 때문에 여느 때처럼 마음을 푹 놓고 있었대. 고선지가 암만 용맹한 장수라 하더라도 군대

**험난한 파미르 고원**

와 말을 끌고 얼음으로 뒤덮인 골짜기를 넘어오리라고는 꿈에도 생각하지 못했던 거야.

하지만 고선지는 먼저 식량을 가루로 만들고 고기를 말려 전투 식량을 준비했어. 무게를 줄여 얼음 절벽을 넘을 수 있게 말이야. 철저하게 준비를 마친 군인과 말은 외줄타기를 하는 것처럼 깎아지른 절벽을 넘고 또 넘었어. 한 발자국만 잘못 디뎌도 천 길 낭떠러지로 떨어지는 무시무시한 그 길을, 아무도 넘을 수 없을 거라던 그 길을 고선지 장군이 이끄는 군대는 넘었던 거야!

안심하고 있었던 서역인들은 고선지 장군의 공격에 혼비백산해서 두 손을 번쩍 들고 말았지. 아마도 이게 꿈이야, 생시야 했을 걸? 불가능을 가능으로 만든 고선지가 얼마나 멋있던지 영국의 역사가는 "고선지의 서역 정벌은 **한니발**이나 **나폴레옹**이 알

**한니발**
기원전 카르타고의 명장으로 알프스를 넘어 로마를 공격했어.

**나폴레옹**
눈 덮인 알프스를 넘어 프랑스를 승리로 이끌고 황제까지 되었지.

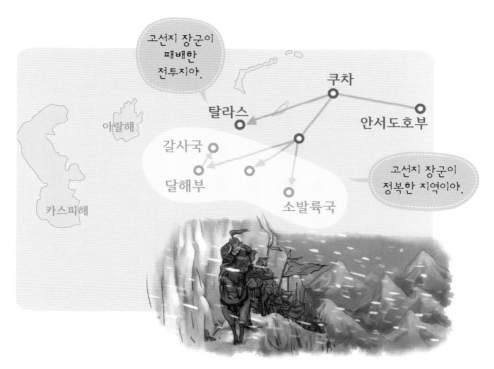

고선지 서역 원정 상상도

안서도호부
당나라가 서역을 정벌하려고 세운 관청이야. 고선지는 이곳의 책임자였어.

프스를 넘은 것보다 더 대단한 일이다."

라고 했대.

당나라 황제도 고선지의 승리에 감격했고 당나라 백성들한테도 그의 인기는 하늘을 찔렀지. 고선지 덕분에 애 끓이던 서역의 반발을 누르고 그곳의 비단길이 당나라 차지가 됐거든. 금은 보화가 데구르르 굴러 들어온 거나 마찬가지였다고나 할까? 당나라의 번영에 고선지가 큰 몫을 한 거란다.

얼마 뒤 억울했던 서역인들은 이슬람 제국과 힘을 합쳐 빼앗긴 땅을 되찾으려 했어. 그래서 마침내 751년 탈라스 평원(현재 키르기스

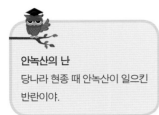

**안녹산의 난**
당나라 현종 때 안녹산이 일으킨
반란이야.

스탄의 탈라스 지역)에서 전투가 벌어졌지. 서역의 지배권을 차지한다는 것은 보물덩어리를 쥔 거나 마찬가지인 데다 비단길의 교역으로 번영을 누릴 수 있었기 때문에 어느 나라도 양보할 수 없었던 거야. 탈라스 전투는 7일 밤낮으로 이슬람 제국과 당나라가 맞붙어 싸운 아주 큰 전쟁이었어. 그런데 단 한 번도 패배한 적이 없던 고선지는 함께 싸우기로 했던 부족의 배신으로 탈라스 전투에서 대참패를 당하고 말았단다.

이 패배로 당나라의 서역 지배는 끝이 났고 고선지의 명성과 신뢰도 땅에 떨어졌지. 나중에는 **안녹산의 난**을 평정하다가 모함을 받아서 억울하게 죽고 말았어. 당나라가 서역을 지배할 수 있게 해준 공로는 싹 잊어버리고 모함으로 뛰어난 장수를 죽이다니, 정말 매정하구나……. 고선지가 당나라 사람이었다면 그렇게 쉽게 죽였을까 하는 생각이 들지 않니?

비록 탈라스 전투는 패배로 끝났지만 그 전투로 종이 만드는 기술이 이슬람 제국으로 건너가서 세계의 문명을 발달시켰다는구나. 군인들 중에 종이 만드는 기술자가 있었던 거지. 알고 보면 고선지 장군은 세계 문명의 발전에도 큰일을 해낸 거 아니니? 무서운 모래바람 부는 황무지에서 태어나 인류의 역사에 남는 대전투를 벌이고 문명의 발전까지 도운 고선지 장군을 너희들은 잊지 말아 줘. 남의 나라 번영을 위해 애쓰다 모함 받아 죽은 것도 억울한데, 너희가 기억조차 하지 않는다면 고선지 장군을 두 번 죽이는 일이니까…….

## 백제의 불행한 명장, 흑치상지

백제에도 고선지만큼이나 나라를 잃은 슬픔을 온몸으로 보여 준 불행한 장수가 있었어.

이름은 흑치상지! 길고 검은 이를 가졌다는 이름이 약간 이상하게 들리겠지만, 흑치상지의 집안은 대대로 군사와 행정을 책임지는 관직을 가지고 있었대. 흑치상지는 키가 크고 굳센 데다 지략을 갖춘 장수였는데 소정방이 백제를 침략했을 때 희생을 줄이려고 항복을 했다는구나. 그런데 소정방이 약속과는 달리 백제의 젊은이들을 마구 죽이며 노략질을 해대자 백제 부흥군을 이끌며 맞섰지. 그 소식을 듣고 모여든 백제인들과 힘을 합쳐 200여 개의 성을 되찾았어. 백제의 왕이 살던 사비성을 무너뜨렸다고 온갖 행패를 부리던 소정방은 흑치상지에게 내리 지고 말았던 거야.

그러나 부흥군끼리 싸움이 일어나자 흑치상지는 많이 실망했대. 부흥군을 이끌던 장수들과 왕자가 서로 죽고 죽이는 일이 벌어졌거든. 에구~ 내부 분열은 적보다 훨씬 무서운 법인데, 쯧쯧…… 결국 부흥군의 분열로 백제는 백강 전투를 끝으로 영원히 사라지고 말았지.

흑치상지가 명장이라는 소문을 들은 당나라 고종은 사신을 보내 그를 불러들였어. 흑치상지는 눈물을 삼키며 당나라로 들어가 장군이 되었지. 그는 여러 전투에 나가 적은 무리를 이끌고도 큰 공을 세웠

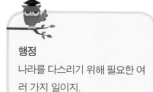

**행정**
나라를 다스리기 위해 필요한 여러 가지 일이지.

**토번과 돌궐**
토번은 티베트 지역의 왕국이고 돌궐은 몽골고원에서 맹활약하던 종족으로 투르크족이라고 하지.

고, 특히 **토번**과 **돌궐**을 제압해서 당나라의 골칫거리를 해결해 주었어. 이 업적은 고선지의 서역 정벌에 견줄 만큼 큰 것이었지. 워낙 용맹한 데다 지략이 뛰어나서 적들이 흑치상지 장군을 무척 두려워했다더라. 그래서 갈수록 지위가 높아지고 상도 많이 받았지만 받은 상은 부하들에게 골고루 다 나누어 주어 정작 자신은 가진 게 별로 없었대. 이렇게 어질고 의로워서 따르는 사람도 많았고 당나라의 신임도 두터웠다나 봐.

그런데 돌궐과의 전쟁에서 공로를 혼자 차지하고픈 부하 장수가 의논도 없이 나섰다가 당나라군이 전멸당하는 일이 벌어졌어. 흑치상지는 아무 잘못도 없이 전쟁의 책임으로 미운 털이 박히고 말았지. 그리고 마침내 모함을 받아 감옥에서 죽었단다. 30여 년을 남의 나라 전쟁터에서 떠돌던 백제 장수는 차디찬 겨울 날, 스스로 목을 매한 많은 일생을 마쳤더라고……. 당나라의 골칫거리를 해결할 정도로 유능한 장군이었지만 한족의 시기와 질투 그리고 깔보는 태도를 견딜 수 없었던 거지.

흑치상지가 반역죄로 죽을 때 어렸던 그의 아들은 아버지의 분함을 풀기 위해 수많은 전공을 세웠고 결국 아버지의 억울함을 풀어 주었어. 흑치상지를 이어 그의 아들, 흑치준도 명장이었다나 봐. 이렇게 무예가 출중했던 백제인들은 당나라에서 크게 활약하며 당나라의 변방을 지켜 주었지.

어떤 친구들은 이렇게 말할지도 몰라.

"에이, 소정방에게 항복하고 당나라를 위해 싸운 사람이잖아?"

그런데 백제가 망하지 않았다면 흑치상지는 어질고 지혜로운 장수로 역사에 남아 너희들이 잘 아는 유명한 장군이 됐을지도 모른단다.


## 쇠뇌의 비밀을 지킨 구진천


나당 연합군이 백제와 고구려를 무너뜨리자 당나라는 신라마저 위협했잖니? 그 전쟁을 겪으며 신라도 당나라에 대항하기 위한 힘을 길렀다고 했지? 그런데 당나라는 정복한 지역의 북방민족을 동원했기 때문에 기마병을 부리는 전략이 뛰어났어. 그 기마병을 무찔러야만 신라는 나라를 지켜낼 수 있었지. 그래서 신라는 온 힘을 기울여 기마병을 제압할 무기를 만들어냈는데 그게 바로 '쇠뇌'라는 화살이야.

쇠뇌는 **천 보**를 날아가 말의 목을 관통해서 기마병들을 혼비백산하게 만들었어. 매소성 전투와 기벌포 전투에서 신라가 승리하는 데 쇠뇌는 큰 몫을 해냈단다. 그런데 신라의 최고 비밀 병기인 쇠뇌 기술이 하마터면 당나라로 넘어갈 뻔한 아슬아슬한 이야기가 있으니 들어 봐.

당나라군이 나당 연합군으로 싸울 때 눈이 번쩍 뜨일 만큼 놀란 신라의 무기가 바로 쇠뇌였어. 쇠뇌는 활이긴 하지만 오랜 시간을 연습하지 않아도 쏠 수 있는 데다가 달려드는 기마병을 단번에 쓰러뜨리는 무시무시한 힘을 갖고 있었거든. 당나라는 고구려를 무너뜨린 다음 전쟁을 치르게 될 신라가 저런 강력한 무기를 가지고 있다니 겁이 났겠지?

그래서 당나라 황제는 천 보를 가는 쇠뇌를 만든 구진천을 불러들였어. 그리고 구진천에게 필요한 것을 다 대 주면서 쇠뇌를 만들라고 했지. 잔뜩 뜸을 들이던 구진천이 쇠뇌를 만들어 바쳤어. 기대에 부풀었던 고종은 여러 사람들이 모인 자리에서 시험해 보도록 했는데 웬걸, 30보밖에 나가지 않는 거야. 황제는 크게 실망하며 말했어.

"허어, 너희 나라에서는 쇠뇌를 쏘면 천 보를 간다

**천 보**
천 걸음이란 뜻으로 아주 먼 거리를 말해.

는데 겨우 30보라니, 어찌된 일이냐?"

"나무의 질이 다르기 때문이지요. 신라의 나무를 가져온다면 만들 수 있을 것입니다."

그러자 얼른 신라의 나무를 구해 오라는 불호령이 떨어졌어. 또 한참이나 뜸을 들인 구진천은 신라에서 구해 온 나무로 쇠뇌를 만들어 바쳤지. 황제는 이번엔 천 보를 날아가는 쇠뇌를 볼 수 있을 거란 기대에 잔뜩 부풀었어. 그런데 이번에도 60보를 넘지 못하는 거야. 화가 치밀어 오른 황제가 그 까닭을 물으니 구진천이 이렇게 말했대.

"저 역시 그 까닭을 모르겠습니다. 아마 나무가 바다를 건너오면서 습기가 찼던 게 아닐까 합니다만……."

구진천의 능청스런 대답에 황제는 펄펄 뛰었지. 기술을 숨기는 것이 분명하다며 엄중히 다스리겠다고 협박까지 했으니까. 하지만 구진천은 끝내 쇠뇌의 기술을 드러내지 않았어! 그의 뒷이야기는『삼국사기』에 실려 있지 않아 어떻게 되었는지는 알 수 없지만 황제를

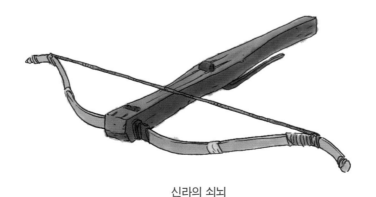

신라의 쇠뇌

속인 죄를 물어 엄한 벌을 받지 않았을까 싶다…….

그냥 천 보를 날아가는 쇠뇌를 만들었다면 구진천은 당나라에서 부귀영화를 누렸을 거야. 그런데 그는 나라와 백성을 지키려 희생을 택했어. 덕분에 나라의 특급 비밀이 지켜지고 전쟁에서 승리할 수 있었으니 구진천은 드러나지 않은 진짜 영웅이야.

## 바다와 사막을 건너 세계를 만난 혜초

이번엔 당나라 사람들도 존경했다는 혜초 스님 이야기를 해 볼까?

신라가 당나라와 다시 친해지면서 많은 사람들이 당나라로 건너갔잖니? 스님들도 불교를 공부하려고 많이들 갔는데 혜초도 열여섯 살에 큰 뜻을 품고 당나라로 건너갔어. 그곳에서 남인도에서 온 스님을 만나 불법을 배우게 됐지. 혜초는 스승의 고향인 인도로 불법 순례를 떠나고 싶었어. 부처님이 태어난 곳이니 승려라면 누구나 한 번쯤 꿈꾸는 일이었지. 그러나 그때의 인도 여행은 목숨을 걸어야 하는 대모험이었어. 왜냐하면 백 명이 떠나 한 명도 살아 돌아오기 힘들다고들 했거든.

인도로 가는 길은 숲을 지나다 길을 잃거나 사막을 지나다 낙타가 도망가 버리면 꼼짝없이 죽는 길이었지. 사막은 50일을 걸어도 사람의 흔적을 찾기 어려운 곳이었으니까. 게다가 산맥을 넘다 도적 떼를 만나는 일도 많아서 쉽게 나설 수 있는 길이 아니었어.

하지만 혜초는 부처님 말씀이라면 자다가도 벌떡 일어나는 스님이라 인도로 불법 순례를 떠나기로 결심했대. 그것도 바닷길로 중국 남해안을 거쳐~ 인도와 페르시아 그리고 중앙아시아를 한 바퀴 돌아~ 비단길로 다시 중국에 들어오는 아주~아주 험난한 여정이었지.

**혜초의 순례길**

혜초는 4년 동안 40여 개 나라를 돌아다녔대. 1300년 전 낯설고 물선 땅에서의 여행은 지금처럼 안전하지도, 편안하지도 않았어. 그런데도 가는 곳마다 잘 살펴보며 꼼꼼하게 기록까지 했다는구나.

그런 혜초도 고선지 장군이 넘었다는 파미르 고원을 지나야만 했을 땐 아주 고통스러웠나 봐. 한여름에도 눈이 녹지 않는 7000미터의 봉우리로 이어진 고원은 죽음의 땅으로 소문난 곳이라고 했잖니? 그곳을 넘어야만 했던 혜초는 눈물겨운 시를 남겼는데, 한번 들어 봐.

> "길은 험하고 눈 쌓인 산마루는 아득한데
> 험한 골짜기엔 도적 떼도 들끓는다네.
> 새들도 나르다 놀라는 가파른 절벽
> 사람은 아슬아슬한 다리 건너기 어렵다네.
> 평생 울어 본 적 없는 나도
> 오늘만은 눈물이 하염없이 흐른다네."
> – 유홍준 교수와 인터넷의 해석을 빌림.

사람의 키를 넘는 바닷길을 헤치고 살갗을 파고드는 모래바람을 맞으며 사막을 지났던 혜초였지만 얼음 골짜기인 파미르 고원은 눈물을 보일 정도로 두려웠던 거야.

그러나 마침내 4년 동안 모든 험난한 여행을 마친 혜초는 일생의 품은 뜻을 이룬 멋진 스님이 되었어. 부처님의 나라를 순례하는 뜻만 이룬 게 아니라 불멸의 기행문까지 남겼으니까. 그게 바로 인도의 다섯 나라를 다녀왔다는 뜻의 『왕오천축국전』이야. 『왕오천축국전』은 방문한 나라들의 기후와 풍속을 정확하면서도 생생하게 전하고 있대. 마치 8세기의 인도와 페르시아 그리고 중앙아시아의 역사 다큐를 보는 것 같다고 하던걸? 그래서 당나라 스님인 현장이 인도를 다

『왕오천축국전』(프랑스 기메 박물관)

녀온 기록인 『대당서역기』, 이탈리아의 마르코 폴로가 원나라를 여
행한 뒤 남긴 『동방견문록』, 모로코인 이븐 바투타가 이슬람 제국과
원나라를 여행하고 쓴 『이븐 바투타의 여행기』와 함께 4대 견문록으
로 인정받고 있단다.

　그런데 이 귀한 책을 프랑스의 동양을 연구하는 학자가 둔황석굴
에서 발견하면서 제 나라의 박물관에 떡하니 가져다 놓았지 뭐야?
그러니 우리는 이 책을 마음대로 볼 수가 없는 거지, 에휴~. 큰 스님
이 된 혜초는 신라를 내내 그리워하다 당나라에서 세상을 떠났다는
데 책마저 머나먼 타향에 있다니……. 『왕오천축국전』은 언제쯤 우
리 품으로 돌아와 그리움을 풀까나?

# 동북아시아 바다 지킴이, 장보고

이번엔 동북아시아의 바다 지킴이였던 신라의 장보고 이야기를 들려줄게.

9세기 후반 나라의 힘이 많이 약해지고 가뭄과 흉년마저 들자 도적과 해적이 들끓고 수많은 백성들은 떠돌다 노예로 팔리기까지 하는 참담한 지경에 이르렀어. 이즈음에 완도에서 장보고가 태어났지. 골품제가 철저했던 신라에서는 별 희망이 없었던 섬 소년은 당나라로 건너갔어.

장보고는 그곳에서 말을 잘 타고 창을 잘 쓰는 무사로 소문이 나서 5000명의 부하를 거느린 **무령군** 소장이 되었지. 그러나 꿈이 컸던 장보고는 여기서 만족하지 않았어. 산둥반도에서 장사를 하던 신라인들과 힘을 합쳐 무역을 크게 해서 돈을 어마어마하게 벌었대. 세상의 흐름을 읽는 능력이 남달랐던 거지. 어떤 사람은 장보고가 당나라에서 가장 성공한 신라인이라고 하던걸?

하지만 노예로 팔려온 신라인들의 비참한 모습을 보고는 혼자만 부귀영화를 누릴 수 없다고 생각했대. 그래서 신라로 돌아와 흥덕왕에게 해적을 소탕할 권한을 주면 바다 무역으로 버는 돈을 조정에 바치겠다고 했지. 흥덕왕은 기꺼이 허락했어. 이미 장보고의 능력을 알고 있었던 데다 허락만 해도 재물이 들어오는데 왜 마다하겠어?

바다의 안전이 지켜지기만 한다면 바닷길만큼 좋

**무령군**
당나라 서주 지역의 우두머리인 서주 절도사의 부대인데 장보고가 이곳에 있었지.

은 길이 없었지. 바닷길은 육로보다 훨씬 많은 물건을 빠르게 실어 나를 수 있어 큰돈을 벌 수 있으니까. 그래서 바닷길을 개척한 이슬람 상인들이 세계를 누비며 부자가 된 거 아니겠니? 어, 이야기가 어디로 가는 거야? 미안, 다시 장보고 이야기로 돌아갈게.

완도에 청해진을 세우고 그곳의 대사가 된 장보고는 해적을 말끔하게 소탕해서 정말, 바다를 깨끗하게 만들었어. 맑을 청, 바다 해! 말 그대로 청해가 된 거야. 그 바닷길을 장보고 선단이 안전하게 사람과 물자를 실어 날랐지. 배를 만드는 기술과 항해 기술이 뛰어났던 신라인들은 동북아시아의 바다를 제 안마당처럼 이용했던 거야. 당나라로 들어오는 서역의 물건이 신라로 들어왔다가 일본으로 건너갔어. 일본과 신라의 물건은 당으로 건너갔다가 서역까지 건너갔고. 주변의 나라들은 장보고 선단의 힘을 빌리지 않고는 동북아시아의 바닷

세계 바다 무역 길과 연결된 청해진

길을 이용할 수가 없었대. 사람이든 물건이든 다 장보고의 힘을 빌려야만 움직일 수 있었다는 거지. 정말 대단하지 않아?

그런데 무력과 재력을 다 가진 장보고는 왕위 다툼에 끼어들었다가 암살당하고 말았어. 신라 귀족들에겐 골품이 아닌 뛰어난 능력만으로 우뚝 서는 장보고가 못마땅하고 두려웠나 봐. 장보고의 활약으로 해적이 사라지고 온갖 귀한 재물을 만질 땐 그를 추켜세우더니만…… 장보고가 자신의 딸을 왕비로 세우려 하자 진골 귀족들이

"어딜, 감히 천한 것이 왕족을 넘봐?"

하면서 내쳐 버린 거지. 쯧쯧…….

그런데 이제 장보고는 세계가 알아주는 영웅이 됐단다. 완도를 중심으로 동북아시아와 중앙아시아 그리고 페르시아의 물건이 안전하게 오갈 수 있게 한 공로를 새삼 인정받고 있다나 봐. 장보고 기념관

장보고 기념관(사진 제공 : 완도군청)

까지 세워졌다니 늦게라도 인정을 받게 되어 참 다행이야. 어떤 외국 학자는 장보고를 '해양제국의 무역왕'이라고 높이 평가한다더라? 장보고의 업적을 우리보다 세계가 먼저 알아봤다니 어째 좀 부끄럽지? 이제 우리도 동북아시아 바다 비단길의 지킴이가 장보고였다는 걸 잊지 말자!

## 골품제가 버린 인재, 최치원

신라에만 있었던 골품 제도 때문에 능력을 제대로 펼칠 수 없던 사람들이라면 6두품이 생각날 거야. 6두품도 귀족이었지만 진골들이 중요한 관직은 다 차지하는 통에 불만이 많았던 사람들이지. 그 사람들 중에서도 가장 안타까운 인재는 최치원이 아닐까 싶어.

최치원은 어려서부터 영민해서 12세에 당나라로 유학을 떠났대. 조기유학이었던 셈이지. 엄격한 아버지가 10년 안에 빈공과에 합격하지 않으면 내 아들이 아니라고 했다대? 그래선지 최치원은 단번에 빈공과에 장원으로 합격해서 사람들을 놀라게 했어. 유학한 지 6년 만인 18살의 어린 나이였거든. 천재였던 거지.

최치원의 글 짓는 솜씨는 당나라 사람들도 알아줬대. 흉포한 반란군의 괴수도 으드드 떨게 만들었다던걸? 소금을 팔던 '황소'라는 사람이 난을 일으켜 당나라를 뒤흔들자 최치원은 그를 꾸짖는 글인 '토황소격문'을 지어 보냈어. 그런데 얼마나 엄하게 꾸짖었던지 글을 읽던 황소가 그만 의자에서 떨어졌다는구나.

"너의 악행 때문에 세상 사람들이 모두 너를 죽이려 들고 지하의 귀신들도 너를 죽일 의논을 끝냈으니 너는 간신히 숨만 붙어 있는 것이다."

라는 꾸짖음에 기겁을 했다는 거야. 넌 이제 죽은 목숨이라는 말을 이렇게 하니까 무섭긴 무섭다. 그래서 당나라 사람들은 황소를 물리친 것은 칼이 아니라 최치원의 글이라고 했다지?

뭐야, 귀신까지 날 죽이려든다구?

이렇게 당나라에서 이름을 날리던 최치원은 신라가 갈수록 어려워지자 나라에 보탬이 될 뜻을 품고 귀국했어. 그동안 갈고 닦은 실력으로 나라를 구할 계책인 '시무 10조'를 진성여왕에게 올렸지. 여왕도 나라를 구할 방도를 찾고 있었기 때문에 희망이 보이는 거 같았어. 그러나 귀족들의 반대로 뜻을 이룰 수 없었단다. 6두품에겐 정책을 펼칠 높은 자리를 내주지 않았거든. 타고난 신분을 능력보다 더 중요하게 생각하던 시대였으니까.

당나라도 반란군의 난으로 허물어지던 때였고, 조국인 신라도 혼란하던 때라 최치원의 능력은 크게 쓰일 데가 없었어. 시대를 잘못 만난 불운한 천재였던 거지. 절망한 최치원은 산과 들을 떠돌며 소나무와 대나무를 심고 자연을 노래했어. 책은 베게 삼아 누웠을 뿐 더는 보지 않았대. 어떤 지식도 신라를 구할 수 없다는 좌절감이 들었

최치원이 심은 나무

던 거야. 다시 후삼국이라는 전쟁터가 되어 버렸으니까 말이야. 이리저리 떠돌던 최치원은 해인사에 숨어 살다가 쓸쓸하게 생을 마쳤더란다.

세상에 크게 쓰이지 못하고 버림받은 최치원은 자신처럼 나라에게 버림받은 백성들이 몹시 안쓰러웠나 봐. 아마 이런 걸 동병상련이라고 한다지? 해인사를 지켜낸 승려들을 위한 길상탑지를 쓰면서 절을 습격한 초적들의 상황도 애절하게 써 놓았잖니? 그 글은 그때의 백성들이 얼마나 비참하게 살았는지 보여 주는 소중한 역사서가 되었어. 최치원은 길상탑지를 통해 무능한 신라가 백성들을 초적으로 만들었다는 준엄한 꾸짖음을 한 거란다. '토황소격문'처럼!

## 종이 되어야 했던 지은

백성들은 전쟁이 나면 적에게 죽고 가뭄이나 홍수가 나면 굶어 죽고 돌림병이 돌면 무더기로 죽을 수밖에 없었는데, 신라가 몰락해 가니 백성들은 사는 게 더 말이 아니었어.

향득이라는 사람은 흉년이 들어 아버지가 굶주림으로 죽어 가자 자신의 다리 살을 베어 살리기도 했대. 손순이란 사람은 남의 집 일을 하고 양식을 얻어다가 홀어머니를 모셨는데 아이가 할머니 밥을 자꾸 빼앗아 먹으니까 아이를 파묻으려고까지 했고. 굶주림 때문에 아이까지 파묻으려 했다니 정말 가슴 아픈 이야기잖아? 나라가 어지러워지자 도움을 받아야 할 사람들이 딱한 처지로 내몰린 거야.

우리 마음을 아프게 하는 이야기가 하나 더 있는데 들려줄게.

분황사(선덕여왕이 지은 바로 그 분황사) 동쪽 마을에 지은이라는 여인이 동냥을 해다가 눈 먼 홀어머니를 모시고 살았어. 그런데 흉년이 들어 그마저도 어렵게 되었지. 차마 어머니를 굶주리게 할 수 없어 지은이는 남의 집 종으로 들어갔단다. 낮에는 주인집 일을 하고 날이 저물면 돌아와 어머니를 모셨는데 하루는 어머니가 이렇게 말하는 거야.

"애, 지은아! 예전엔 거친 음식을 먹어도 마음은 편했는데 요즘은 좋은 쌀밥을 먹는데도 오히려 마음이 편치 않으니 어찌된 일이냐?"

더 이상 어머니를 속일 수 없었던 지은이는 사실대로 말씀드렸어.

자신 때문에 스무 살이 넘도록 시집도 못 갔는데 종까지 된 딸이 가
여워 어머니는 통곡을 했지. 어머니를 마음 아프게 한 것이 죄스러워
지은이도 어머니를 부둥켜안고 서럽게 울었어.

　이 딱한 모습을 본 화랑과 **낭도**들은 옷과 곡식을 보내 지은이를 도
와주었지. 이 이야기를 들은 왕도 집과 수백 석의 곡식을 내리고 재
산을 지킬 군사까지 보내 주었다는구나.

　향득과 손순 그리고 지은은 신라의 소문난 효자와 효녀로 『삼국유
사』와 『삼국사기』에 실렸어. 그런데 나, 솥단지는 정
말 이해할 수 없는 게 있더라? 백성들이 굶주림으로
살을 베고, 아이를 파묻으려 하고, 멀쩡한 처자가 종
으로 팔릴 때까지 신라의 왕과 귀족들은 무엇을 하
고 있었냐는 거지. 오래도록 솥단지에 밥을 짓지 못

**낭도**
화랑을 돕고 따르던 청소년의 무
리로 평민이었어. 한 명의 화랑
에 여러 명의 낭도가 따랐대.

하는 사람들은 여기저기 널렸고, 이 사람들보다 더 서러운 사연을 가진 사람들은 셀 수 없이 많았거든. 왕도 그걸 알았는지 지은이네로 수백 석의 곡식을 보내면서 그걸 지킬 군사까지 보내잖니? 굶주림으로 도둑이 들끓었다는 게 드러나잖아. 몇 사람을 효자와 효녀로 추켜세워 많은 재물을 내릴 게 아니라 그런 일이 일어나지 않도록 백성을 잘 보살펴야 되는 거 아니니? 내가 너무 흥분한 거 같다고? 으음, 그러네. 내 친구인 백성들이 고통을 당하니까 너무 마음이 아파서 그만⋯⋯.

결국 어떤 백성들은 애지중지 아끼던 나를 팔아 양식을 구하고 고향을 떠돌다 죽어 갔어. 그러자 나는 더 이상 순박한 백성들의 배를 불리는 솥단지가 아니라 다시 녹여져 섬뜩한 무기가 되고 말았지. 나는 뜨거운 불 속에서 불보다 뜨거운 눈물을 흘렸어. 나 솥단지는 사람을 베는 무기로 변신하고 싶지는 않았거든. 절대, 절대로!

잠깐만!!!

## 발해의 여전사, 홍라녀

아, 아~ 잠깐만, 잠깐만! 그런데 얘들아, 남북국 시대의 이야기라면서 발해인 이야기는 하나도 못했네? 발해가 거란족에게 갑자기 망한 데다가 오랫동안 우리에겐 잊혀진 나라라 유적과 유물도 제대로 보존이 되어 있지 않더라고. 그러니 들려줄 이야기도 찾기 힘들었지.

하지만 발해에는 여자들도 당당했기 때문인지 무예가 뛰어 났다던 홍라녀 전설이 여러 가지 이야기로 남아 있었어. 홍라 녀라고 불린 까닭은 눈처럼 흰 말을 타고 인삼 꽃으로 붉게 물 들인 비단 치마를 입고 있었기 때문이래. 여러 이야기로 남 아 있는 홍라녀 전설 중에서 하나만 들려줄게.

어느 날 발해 황제가 경박호에서 사냥을 하다가 집채만 한 호랑이 를 만나 위험에 처하게 되었대. 그런데 어디선가 아리따운 소녀가 활 을 들고 나타나 한 발에 호랑이를 쓰러뜨렸다는구나. 황제는 깜짝 놀 라서 누구인지 물었어.

"홍라녀라 하옵니다. 소녀가 5년 전 큰 바람에 날려 죽을 뻔했는 데 백두산의 성모님이 살려주셨고 무예까지 가르쳐 주셨지요. 이제 무예를 다 배우고 내려오던 길이었습니다."

황제는 든든한 무사를 얻은 듯 기쁜 마음으로 홍라녀를 궁궐로 데 려 왔지.

그런데 얼마 뒤 거란이 쳐들어온다는 소식이 전해졌어. 홍라녀는 황제에게 동생인 녹라녀와 함께 전쟁터로 가게 해달라고 말했지. 홍 라녀의 무예라면 적을 물리칠 만하다고 여긴 황제는 기꺼이 허락했어.

홍라녀가 발해군을 이끌고 전쟁터로 향하자 싸움 이 어려워질 것을 염려한 거란은 발해의 수도인 상 경성을 급습해서 황제를 끌고 가 버렸지. 단단히 화 가 난 홍라녀는 녹라녀와 함께 단숨에 거란으로 쳐 들어갔어. 창을 휘두르고 화살을 날려 적들을 셀 수

**경박호**
상경성 근처에 있는 아주 커다란 호수인데 물고기들도 많이 살고 경치도 빼어나 지금까지도 사랑 받는 곳이래.

없이 물리치며 황제를 구해내려 했는데, 에구~ 야비한 거란군이 이미 황제를 처형했다지 뭐야?

슬프고 분했던 홍라녀는 수많은 거란군을 물리치고 거란의 왕마저 죽여 버렸단다. 그러자 잔뜩 독이 오른 거란군은 홍라녀와 녹라녀를 사로잡으려 했어. 하지만 용맹한 두 자매는 거란군을 다 따돌리고 무사히 발해로 돌아왔지. 황제를 잃어 슬픔에 잠겼던 발해인들은 크게 기뻐하면서 홍라녀와 녹라녀 두 자매를 발해 황제로 모셨대.

여자가 장군이 되어 적을 물리치고 황제가 된 이야기는 처음 들어보는 것 같지? 나도 그래. 아마 발해는 여자들의 지위가 높았기 때문에 이런 이야기가 전해지나 봐. 눈처럼 흰 말을 타고 붉은 치마를 휘

날리며 적을 물리치는 여전사라니! 상상만 해도 정말 멋있다~! 게
다가 여자 황제가 둘이나 됐다니 딴지양이 생글생글 웃고 있겠는걸?

에구~ 그런데 나는 다시 돌아가 무기가 되어야 할 신세네. 시무룩!
얘들아, 내가 할 이야기는 여기까진가 보다. 모두들, 안녕~.

에후우~ 나는 사람들의
입을 즐겁게 해 주는
솥단지로만 있고 싶은데…

저자가 직접 강의하는 호락호락 한국사 4장
왼쪽의 QR코드를 찍어서 저자의 강의를 들어 보세요!
만약 QR코드가 안 될 경우에는 아래 링크로 들어오세요.
https://blog.naver.com/damnb0401/221182833309

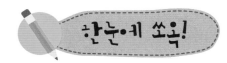
한눈에 쏘옥!

## 잊지 말아야 할 영웅들이야

남북국 시대 동북아시아를 호령하던 영웅들이 있었지. 그들은 망한 나라의 백성이라 슬픈 최후를 맞거나 신분이 높지 않아 큰 업적을 남길 기회를 뺏기기도 했어. 목숨을 걸고 훌륭한 기행문을 남겼는데도 우리 곁에 없어 관심을 받지도 못하지. 하지만 그들은 모진 세상에 맞서 온갖 어려움을 이겨낸 진짜 영웅들이란 걸 너희들은 기억해 줘!

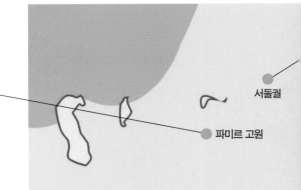

**고선지(?~755)**
고구려의 후예로 무예가 뛰어나 당나라 장수가 되어 파미르 고원과 높은 산맥을 넘어 서역을 정벌했어. 비록 탈라스 전투에선 패했지만 종이 만드는 기술이 서역에 전해져 세계 문명을 발전시켰단다.

서돌궐

파미르 고원

**혜초(704~787)**
인도로 불법 순례를 떠나 4년 동안 40여 개 나라를 돌아다녔대. 가는 곳마다 보고 들은 걸 꼼꼼하게 기록하여 『왕오천축국전』이란 기행문을 남겼어.

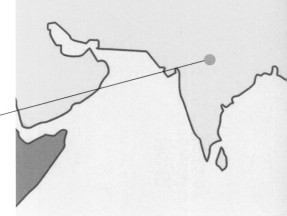

## 흑치상지(630~689)
백제의 후예로 백제 부흥 운동을 벌였지. 백제가 망하자 당나라 장수가 되어 토번과 돌궐을 제압했단다.

## 최치원(857~?)
통일 신라 사람으로 당나라 빈공과에 합격하고 '토황소격문'이란 글을 써 문장가로 이름을 날렸어. 6두품이던 최치원은 골품제 때문에 신라로 돌아와서 능력을 발휘할 수 없었지.

## 장보고(?~846)
9세기 후반 서해에는 해적선이 들끓었어. 신라 완도에서 태어나 당나라 무장이 된 장보고는 신라로 돌아와 청해진을 설치하고 해적을 소탕했지. 해상무역을 이끌던 장보고는 동북아시아 바다 비단길의 지킴이였단다.

장보고의 무역선이야.

동돌궐

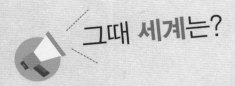

## 그때 세계는?

### 세계의 재미난 이야기들이야

어떤 이야기들이 세상 사람들을 울고 웃게 했을까? 세상엔 우리 옛이야기만큼이나 재미있고 신기한 이야기들이 아주 많단다.

**아서왕 이야기**

중세 유럽에서는 봉건 기사들의 모험과 사랑을 다룬 이야기들이 많았어. 이슬람과의 전쟁에서 활약한 용맹한 기사 '롤랑의 노래'와 뽑을 수 없는 칼을 뽑아 영국 왕이 된 '아서왕 이야기'는 사람들에게 엄청난 사랑을 받았대.

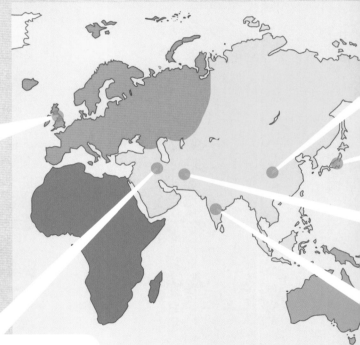

**아라비안나이트**

천일야화(아라비안나이트)는 세헤라자드라는 왕비가 왕에게 천 일 동안 들려주는 이야기야. '알라딘의 요술램프', '신밧드의 모험', '알리바바와 40인의 도적' 같은 아름답고 신비한 이야기가 잔뜩 들어 있지.

## 서유기

서유기는 삼장법사가 손오공, 저팔계, 사오정과 함께 불경을 얻기 위해 여행을 떠나면서 겪는 모험 이야기야. 잘난 체 대마왕 손오공, 먹을 걸 밝히는 저팔계와 조용한 사오정이 펼치는 이야기는 만화와 영화로 만들어져 꾸준히 사랑받고 있지.

## 가구야 공주 이야기

대나무 장수 할아버지가 대나무 안에서 손가락만 한 크기의 공주를 데려와 키우는 이야기야. '가구야 공주 이야기'로 만화영화도 만들어졌는데 엄지 공주 이야기처럼 정말 재미있대.

## 쿠쉬나메 이야기

신라로 망명한 페르시아 왕자와 신라 공주가 사랑에 빠져 결혼하고 그의 아들 페리둔은 다시 페르시아로 돌아가 나라를 되찾는다는 이야기야. 이 페르시아의 서사시는 거리는 멀어도 페르시아와 신라가 얼마나 가까웠는지 보여 주는 놀라운 이야기란다.

## 라마의 사랑 이야기

'라마의 사랑 이야기'는 코살라국의 왕자 라마가 라바나왕에게 납치된 부인 시타를 구한다는 서사시야. 이 이야기는 인도 사람들에게 엄청 인기가 많아서 드라마로 만들었는데 시청률이 92%나 됐대.

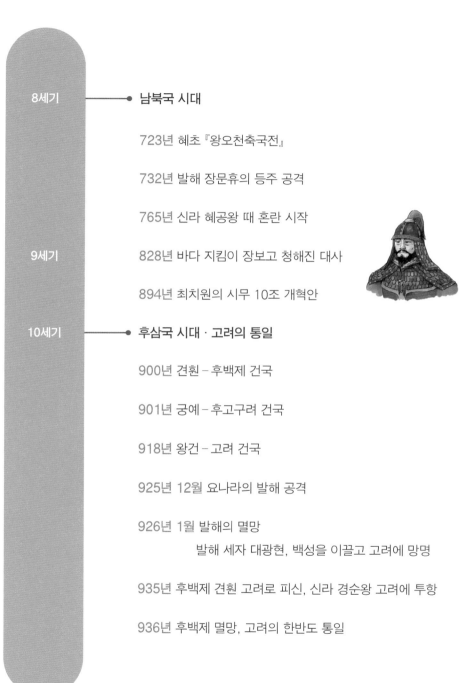

**8세기**

**남북국 시대**

723년 혜초 『왕오천축국전』

732년 발해 장문휴의 등주 공격

765년 신라 혜공왕 때 혼란 시작

**9세기**

828년 바다 지킴이 장보고 청해진 대사

894년 최치원의 시무 10조 개혁안

**10세기**

**후삼국 시대 · 고려의 통일**

900년 견훤 – 후백제 건국

901년 궁예 – 후고구려 건국

918년 왕건 – 고려 건국

925년 12월 요나라의 발해 공격

926년 1월 발해의 멸망
　　　　발해 세자 대광현, 백성을 이끌고 고려에 망명

935년 후백제 견훤 고려로 피신, 신라 경순왕 고려에 투항

936년 후백제 멸망, 고려의 한반도 통일

## ✖ 찾아보기 ✖

# ✕ 참고한 책들과 사진 출처 ✕

〈참고한 책들〉

・어린이 책

가려 뽑은 삼국유사 / 현암사
어린이 박물관 / 웅진주니어
한국유산 답사 / 사계절
고구려의 혼 고선지 / 웅진주니어
칠지도 / 샘터
장보고 / 파랑새 어린이
바람의 아이 / 푸른책들

・어른 책

삼국사기1,2 / 한길사
원문과 함께 읽는 삼국유사 / 한국인문 고전 연구소
삼국시대 사람들은 어떻게 살았을까 / 청년사
끊어진 하늘길과 계란맨의 비밀 / 너머학교
전쟁과 역사 / 혜안
전쟁으로 읽는 한국사 / 바움
해동성국 발해 / 사파리
발해를 찾아서 / 전쟁기념관
신화 이야기를 창조하다 / 휴머니스트
비단길에서 만난 세계사 / 창비
나의 문화유산답사기 / 창비
우리 과학 수수께끼 / 한겨레출판


〈사진 출처〉

국립민속박물관
국립중앙박물관
동북아역사재단
조선유적유물도감
문화재청
완도군청
통영수산과학관
게티이미지뱅크
셔터스톡
위키미디어
위키백과
네이버블로그(https://blog.naver.com/ahnclo)

뭉치는 이 책에 수록된 사진이나 자료의 출처와 저작권자를 찾기 위해 최선을 다했습니다.
혹시 문제가 있다면 언제든지 연락 주시기 바랍니다.